JN040426

地域創造研究叢書
No. **36**

「地域がキャンパス!」の実現に向けて
―スポーツ・健康×まちづくりへの挑戦―

愛知東邦大学地域創造研究所＝編

唯学書房

まえがき

　地域創造研究所は、地域の産業企業と共にある地域に深く根を下したオンリーワンの研究機関とすべく2002年10月に設立された（当時の名称は地域ビジネス研究所であった）。2007年の学部増設、大学名変更に伴い「地域創造研究所」となった。そして、同研究所は、地域ビジネス領域のみならず、健康・スポーツ、福祉、心理といった幅広い領域にわたり地域づくりを研究対象とする研究機関となった。また、母体となる愛知東邦大学も「よりどころは活力ある地域づくり」を掲げ、「文部科学省 大学生の就業力育成支援事業」における「地域連携PBLを核とした就業力の育成」（PBLはProject Based Learning：問題解決型学習の略）やキャリア支援プログラムの正課内カリキュラムとして「東邦プロジェクト」等を設置し、正課内外における地域を学びの舞台に捉えた実践的な学びを展開し、これまでに多くの学生が様々な活動に参画し、地域貢献の実践を自らのキャリアに活かしてきた。

　しかし、2019年12月初旬に、中国の武漢市で第1例目の新型コロナウイルス感染症（COVID-19）が報告され、日本国内においては、2020年1月に最初の感染者が確認された後、わずか数カ月で世界的な流行に至った。国内では2020〜2021年は、度重なる緊急事態宣言や行動制限によって、今まで継続してきた活動の多くが休止に追い込また。途中、制限が緩和された期間もあったが再度、制限されるなど継続的な活動が困難となってしまい、本研究部会での活動も破綻した。そして、2022年度からは予断は許されないものの対策をしつつ、本格的な再開をすることができた。ここで思うことは、この感染症の災害級の流行により、学生たちの参加や今までの参加者は途切れてしまい、再開というより1からのスタートという表現が適切であるということだ。本研究部会のミッションの根底は変わらないものの、その方策が変化しているということである。活動を再開して地域の声を聴くと、この2〜3年で子供からシニアまで身体活動の機会、人々の交流の機会など様々な地域活動が壊滅的なダメージを受けていることを痛感する。他方では、少子化、高齢化、地方過疎化、人口減少、Society 5.0、働き方改革、地方創生など喫緊の課題が現代には多く、社会の変革が求められている。

　したがって、我々がこれから取り組むべきことは「復旧」ではなく、「復興」あるいは「革新」といっても過言ではない。「地域に深く根を下した大学、よりどこ

ろは活力ある地域づくり」を掲げるのであれば、将来を見据えた「まちづくり」に関わっていく覚悟をもって活動を続けていかなければならないことは明白である。

　本書では、これまでの活動、2022年度の活動を紹介し、今後の活動の展望を出版物という形で残したいと思う。これにより、関係各位のご指導・ご助言を賜ることで地域づくりの活動がより良いものになれば幸いである。

　2023年3月

　　　　　　　　　　　地域いきがいづくり研究部会　主査　中野　匡隆

目　　次

第1章 「いきがいづくり」における今までの活動と今後の展開の検討

中野 匡隆

Ⅰ　はじめに

　「いきがい」はシニアの健康づくりの領域でよく使われる言葉である。似たような使われ方をする言葉に QOL（Quality of Life）、主観的幸福感などがある。近年、「いきがい」が人生を豊かにするための重要な概念であることが様々な機会に言われている。さらには、日本国外においても、日本の「いきがい（Ikigai）」という言葉が話題となっており、英語圏においては Ikigai という単語が用いられている。これは日本が世界で最も高齢社会であるため、シニアの「いきがい（Ikigai）」については日本が最も先進的であることによるものと考えられる。Dayman（2020）によれば、「いきがい」とは「人生の意義、目的、動機付け、またはそれを通じて喜びを見つけること」とも説明されている。したがって、こども、青年、働き世代、シニア世代など世代や置かれた状況におうじて、「いきがい」への考え方も異なってくる。熊野（2006）は、「いきがい」とそれに似た概念を図 1-1 のようにまとめている。我々はこれまで高齢者の健康づくりに対して取り組んできた。その取り組みの中で勢力的に実施してきた健康のための体力づくりトレーニング教室や認知症予防への効果を期待した頭と体を同時に使うような運動教室、または健康のための体力づくりや運動のための講演などは、この図 1-1 からみると身体の健康に関わるものであったと分類できる。一方、この現場に本学学生を参画させることについても力を注いできた。コロナ以前で、最も学生の参加が活発だった頃には、教室以外にも集まる機会を設け、お茶会やクリスマス会なども開催されていた。その時のシニアの皆さんの笑顔はとても印象的であった。人生における日々の喜びを「いきがい」というのであれば、健康づくりの運動だけでなく、この何気ない大学生とのお茶会がまさに「いきがい」をもって健康に生きている瞬間であると感じた。これは図 1-1 からみれば、他者との親密性、生活の充実感、人生の意味に相当するのかも

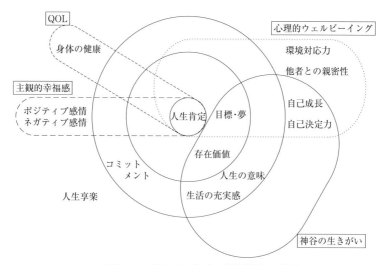

図1-1　生きがいとその類似概念の構造

（出所）熊野（2006）。

しれない。大学として地域シニアの「いきがい」に寄与する方策として、ただ健康
や体力づくりにつながる運動教室を開催することよりも大学生が参加することの意
義の方が大きいと考えられる。

　他方、青年の世代といえる大学生を取り巻く環境として、近年では「社会が求
める人材の育成」を大学に求める声が強くなっている。これは2010年の「大学設
置基準の改正」と翌年の中央教育審議会答申「今後の学校におけるキャリア教育・
職業教育の在り方について」を受けて、キャリアあるいはキャリア教育が注目され
たことによるものである。これによって、正課外の就職支援として行われていた単
なる就職に関する指導等が、大学教育の一環として法制上に位置づけられたのであ
る。そのため、大学教育においてキャリアデザインの重要性や学修の成果として社
会人基礎力やジェネリックスキル（汎用的能力）を身に付けることが望ましいとい
う考え方が浸透していった。本学においてもキャリア教育の重要性は強く、本学の
キャリア支援においても単なる受動的な知識の習得の場としての大学から脱却し、
人生の様々な場面で応用可能な汎用的技能や主体性を身に付けさせるための取り組
みが模索されている。ところで、近年では若者の社会貢献意識が非常に高いことが
様々な場面で指摘されている。したがって、本学のようなリソースが限られ、「地

域への貢献」と「キャリア教育」を別々に実施することに限界がある小規模大学の学生を対象とする場合、「地域への貢献」を通じて社会人基礎力やジェネリックスキル（汎用的能力）が身に付き、達成感があり、学生の満足度も高くなるキャリアの取り組みで、大学生の「やりがい」「いきがい」となるようなモデルが最適解であると考えられる。つまり、「地域住民のいきがいとなるような取り組み」を利用して、大学4年間における「学生のいきがい」を創出することが望ましい。そこで本章では「いきがいづくり」をする側とされる側の視点から各世代の「いきがいづくり」を愛知東邦大学でどうのように展開すればよいかを考察したい。最終的には「いきがいづくり」をする側とされる側という構造ではなく、する側とされる側が一体となって「いきがいづくりをする」という活動にしたい。

Ⅱ　シニア世代における「いきがい」の現状と考察
―「令和3年度 高齢者の日常生活・地域社会への参加に関する調査結果」から考える―

　近年では、健康に対する運動・スポーツの有用性を報告した研究は多く、その有用性は周知のものである。しかし、それを如何にして広く普及するかに着目した研究や活動は、これから発展させるべき課題が多くある。今までの研究では、アウトカムとして、運動・スポーツ介入の場合は体力の評価が多い。また、行政の視点では要介護認定者数や健康寿命、介護給付額などが用いられることもある。しかし「活力ある地域社会」を創造するための目標としてはそれだけではなく「いきがい」を挙げることが多い。

　高齢者のいきがいについては、内閣府の「令和3年度 高齢者の日常生活・地域社会への参加に関する調査結果（概要版）」で報告されている。また、これは「高齢者の地域社会への参加に関する意識調査（平成25年）」の報告とも比較されており、シニア向けのいきがいづくりの活動における現状の把握のために重要な資料である。この調査は、全国を調査地域として、2021（令和3）年11月1日現在で60歳以上の男女合わせて4,000人が調査対象であった。「あなたは、若い世代との交流の機会があった場合、参加していますか」という問いに対し、「積極的に参加している」と「できるかぎり参加している」を合わせた、「参加している」という回答者は約2割である。一方、「全く参加していない」と「あまり参加していない」

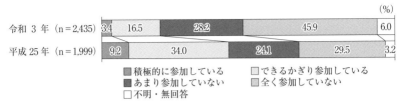

(%)

令和 3 年 (n=2,435)	3.4	16.5	28.2	45.9	6.0
平成 25 年 (n=1,999)	9.2	34.0	24.1	29.5	3.2

- ■ 積極的に参加している
- □ できるかぎり参加している
- ■ あまり参加していない
- ▨ 全く参加していない
- □ 不明・無回答

図 1-2　若い世代との交流の機会への参加状況（択一回答）
（出所）内閣府「令和 3 年度 高齢者の日常生活・地域社会への参加に関する調査結果（概要版）」。

(%)

- ■ 積極的に参加したい
- □ できるかぎり参加したい
- ■ あまり参加したくない
- ▨ 全く参加したくない
- □ 不明・無回答

図 1-3　若い世代との交流の機会への参加意向（択一回答）
（出所）内閣府「令和 3 年度 高齢者の日常生活・地域社会への参加に関する調査結果（概要版）」。

を合わせると 7 割以上は交流の機会に「参加していない」ということになる（図1-2）。これは、平成 25 年調査と比較すると、「参加している」の割合が大幅に減少し、「全く参加していない」の割合は増加している。

　図 1-3 に示すように、若い世代との交流の機会への参加意向をみると、「積極的に参加したい」と「できるかぎり参加したい」を合わせると約 3 人に 1 人は「参加したい」と回答しているが、「全く参加したくない」と「あまり参加したくない」を合わせると半数以上は参加意向がない。平成 25 年調査と比較すると、「積極的に参加したい」「できるかぎり参加したい」などの割合が大幅に減少し、「参加したくない」の割合が大幅に増加している。さらに、この質問で「積極的に参加したい」もしくは「できるかぎり参加したい」と回答した者のうち、交流を行いたい世代をみると、「自分と同世代」が最も高い。次いで、「青年の世代」が続く（表 1-1）。世代間の交流を促進するために必要だと思うことをみると、「交流機会の設定」が最も高い。次いで、「高齢者が参加しやすくするための交通機関の整備など」「世代間交流の意義・重要性等についての広報・啓発」「世代間交流の世話役的リーダーの存在」と続く。平成 25 年調査と比較すると、「交流機会の設定」「世代間交流の意

表 1-1　交流を行いたい世代（複数回答）

(%)

	令和 3 年（n＝880）
就学前の世代	19.0
小学生の世代	28.0
中学・高校生の世代	22.2
青年の世代	35.3
壮年の世代	27.8
中年の世代	34.4
自分と同世代	62.6
自分よりも上の世代	19.0
不明・無回答	0.3

（出所）内閣府「令和 3 年度 高齢者の日常生活・地域社会への参加に関する調査結果（概要版）」より作成。

表 1-2　世代間の交流を促進するために必要だと思うこと（複数回答）

(%)

	令和 3 年 （n＝2,435）	平成 25 年 （n＝1,999）
交流機会の設定	40.2	31.7
高齢者が参加しやすくするための交通機関の整備など	30.2	28.9
世代間交流の意義・重要性等についての広報・啓発	28.2	16.3
世代間交流の世話役的リーダーの存在	27.8	26.9
学校や老人福祉施設など公共施設の併設、開放	23.4	23.2
若い世代からの働きかけ	15.0	19.4
若い世代のゆとりの拡大	11.8	10.1
その他	3.5	1.6
不明・無回答	10.8	18.0

（出所）内閣府「令和 3 年度 高齢者の日常生活・地域社会への参加に関する調査結果（概要版）」より作成。

義・重要性等についての広報・啓発」などの割合が増加している（表1-2）。

　現在どの程度、生きがい（喜びや楽しみ）を感じているかを図1-4に示す。「十分感じている」と「多少感じている」を合わせた「感じている」という回答は73.2％であった。平成25年調査と比較すると「多少感じている」という回答が増加しているため、「感じている」という回答は全体としては微減であるが、「十分感じている」という回答は大幅に減少している。表1-3は、生きがい（喜びや楽しみ）を「十

図 1-4　現在どの程度、生きがい（喜びや楽しみ）を感じているか（択一回答）
（出所）内閣府「令和 3 年度 高齢者の日常生活・地域社会への参加に関する調査結果（概要版）」。

表 1-3　生きがい（喜びや楽しみ）を感じる時（複数回答）

(%)

	令和 3 年 (n = 1,783)	平成 25 年 (n = 1,584)
孫など家族との団らんの時	55.3	48.8
おいしい物を食べている時	54.8	37.4
趣味やスポーツに熱中している時	53.5	44.7
友人や知人と食事、雑談している時	52.6	41.8
テレビを見たり、ラジオを聞いている時旅行に行っている時	43.2	34.8
旅行に行っている時	39.8	38.4
夫婦団らんの時	34.5	30.2
他人から感謝された時	31.7	16.9
仕事に打ち込んでいる時	30.9	26.5
収入があった時	24.8	10.0
勉強や教養などに身を入れている時	16.7	10.4
社会奉仕や地域活動をしている時	12.5	14.0
若い世代と交流している時	10.0	13.6
その他	1.2	3.1
不明・無回答	0.7	0.7

（出所）内閣府「令和 3 年度 高齢者の日常生活・地域社会への参加に関する調査結果（概要版）」より作成。

分感じている」もしくは「多少感じている」と回答した者の生きがい（喜びや楽しみ）を感じる時に関する回答である。「孫など家族との団らんの時」が最も高い。次いで、「おいしい物を食べている時」「趣味やスポーツに熱中している時」が続いている。

　これらの調査報告から、大学で学生を巻き込みながら地域貢献を目指すためにシニア世代が若者と交流しつつ「いきがい」を感じるような取り組みを創造するなら

表 1-4　過去 1 年間に参加した社会活動（複数回答）

(%)

	令和 3 年 (n＝2,435)	平成 25 年 (n＝1,999)
健康・スポーツ（体操、歩こう会、ゲートボール等）	26.5	33.7
趣味（俳句、詩吟、陶芸等）	14.5	21.4
地域行事（祭りなどの地域の催しものの世話等）	12.8	19.0
生活環境改善（環境美化、緑化推進、まちづくり等）	9.8	9.0
生産・就業（生きがいのための園芸・飼育・シルバー人材センター等）	6.8	8.4
安全管理（交通安全、防犯・防災等）	5.9	6.7
教育関連・文化啓発活動（学習会、子ども会の育成、郷土芸能の伝承等）	4.5	6.8
高齢者の支援（家事援助、移送等）	2.3	6.7
子育て支援（保育への手伝い等）	2.1	4.9
その他	2.1	3.6
活動または参加したものはない	41.7	39.0
不明・無回答	7.5	—

（出所）内閣府「令和 3 年度 高齢者の日常生活・地域社会への参加に関する調査結果（全体版）」より作成。

表 1-5　今後、行いたい活動（複数回答）

(%)

	令和 3 年 (n＝2,435)	平成 26 年 (n＝3,893)
健康・スポーツ（体操、歩こう会、ゲートボール等）	40.5	44.9
趣味（俳句、詩吟、陶芸等）	22.4	23.3
生産・就業（生きがいのための園芸・飼育・シルバー人材センター等）	14.5	17.5
地域行事（祭りなどの地域の催しものの世話等）	13.3	14.4
生活環境改善（環境美化、緑化推進、まちづくり等）	10.7	11.3
安全管理（交通安全、防犯・防災等）	8.4	11.6
教育関連・文化啓発活動（学習会、子ども会の育成、郷土芸能の伝承等）	7.0	5.9
高齢者の支援（家事援助、移送等）	5.9	6.8
子育て支援（保育への手伝い等）	4.6	5.7
その他	1.6	1.5
活動・参加したいとは思わない	27.4	18.2
不明・無回答	7.0	14.7

（出所）内閣府「令和 3 年度 高齢者の日常生活・地域社会への参加に関する調査結果（全体版）」より作成。

ば、できるだけ参加しやすい健康・スポーツまたは趣味の交流機会を若者が中心となって準備・広報・活動をして、場合によって、食事もするような活動が最適であるということになる。つまりは、コロナ以前によく実施されていた活動が、地域シニアのいきがいづくりに最も適しており、活動の方向性は間違いではなかったことが確認された。結局のところ、一番の課題は学生の主体的参加を如何に高めていくかということである。

Ⅲ　シニア世代における「生きがい」の現状と考察
―「名東区のシニアを対象とした『生きがい意識』のアンケート調査」から考える―

　過去、我々も名東区のシニア対象において、「生きがい意識」のアンケート調査を「生きがい意識尺度（Ikigai-9）」を用い、実施し報告をしたことがあるので、再び紹介したい。Ikigai-9 とは既に実用性が示されている生きがいの指標を簡便に測定する尺度である。Ikigai-9 では、生きがい意識を「現状の生活・人生に対する楽天的・肯定的感情と、未来への積極的・肯定的態度、および、社会との関係における自己存在の意味の肯定的意識から構成される意識である」と定義している。Ikigai-9 を構成している 9 項目は、①自分は幸せだと感じることが多い、②何か新しいことを学んだり、始めたいと思う、③自分は何か他人や社会のために役立っていると思う、④こころにゆとりがある、⑤色々なものに興味がある、⑥自分の存在は、何かや、誰かのために必要だと思う、⑦生活が豊かに充実している、⑧自分の可能性を伸ばしたい、⑨自分は誰かに影響を与えていると思う、となっている。下位尺度として、Ⅰ「生活・人生に対する楽天的・肯定的感情」、Ⅱ「未来に対する積極的・肯定的姿勢」、Ⅲ「自己の存在の意味の認識」がある。回答は 5 件法（5. とてもあてはまる～ 1. ほとんどあてはまらない）で求め、各素点を合計して総得点（9 ～ 45 点）とする。得点が高いほど、生きがい意識が良好であること、すなわち、現状の生活・人生に対して楽観的で肯定的な感情を感じているということ、自分の未来に対して積極的で肯定的な態度が持てているということ、社会との関係において自分の存在を肯定的に認識していることを意味している。また、各下位尺度についても、3 項目を合計して得点を求めた（3 ～ 15 点）。2016 年 10 月 31 日に愛知カンツリー倶楽部にて開催された紅葉狩りに参加した地域シニアを対象に「生きがい意識

尺度（Ikigai-9）」を用いたアンケート調査を書面と口頭で趣旨を説明し、ご協力の
お願いをした。その結果、180 名からアンケート調査を回収することができた。そ
のうち、記入漏れ等のあったものを除外し、有効回答は 159 名（男性 70 名、女性 89
名）であった。有効回答は 159 名の年齢は 76.2 ± 6.5 歳（平均 ± SD）であった。年
代別では、64 歳以下が 6 名、65 歳以上 75 歳未満が 51 名、75 歳以上 90 歳未満が
98 名、90 歳以上が 4 名であった。また、今回のアンケートでは、「週一回以上の
運動の有無」と「週一回以上の習い事や集会などへの参加の有無」を調査し、それ
らの活動と「生きがい意識尺度（Ikigai-9）」の関係を検討することとした。調査結
果とその考察を以下に示す。

　この調査における「生きがい意識尺度（Ikigai-9）」の総得点は 34.5 ± 6.0 点で
あった。また、下位尺度Ⅰ「生活・人生に対する楽天的・肯定的感情」の得点は
12.2 ± 2.2 点、下位尺度Ⅱ「未来に対する積極的・肯定的姿勢」の得点は 11.6 ±
2.6 点、下位尺度Ⅲ「自己の存在の意味の認識」の得点は 10.8 ± 2.5 点であった。
この 3 つの下位尺度について、多重比較（ボンフェローニ）を行ったところ、すべ
ての群間で有意差を認めた（$p < 0.05$）。今回の調査対象者において、下位尺度Ⅲ
「自己の存在の意味の認識」において比較的低い得点を示すことが明らかとなった。
また、「生きがい意識尺度（Ikigai-9）」の総得点、下位尺度Ⅰ「生活・人生に対す
る楽天的・肯定的感情」、下位尺度Ⅱ「未来に対する積極的・肯定的姿勢」、下位尺
度Ⅲ「自己の存在の意味の認識」のそれぞれを性別、年齢、週一回以上の運動の有
無、週一回以上の習い事や集会などへの参加の有無について、それぞれ 2 群間の比
較を行った。男性（70 名）と女性（89 名）の比較から、生きがいの性差について有
意差は認められなかった。このことは先行研究による 35 歳から 74 歳を対象とし
た調査でも性差がみられていないことから調査の結果には一定の妥当性があると考
える。しかし、60 歳以上の高齢者を対象として女性で生きがい得点が高いという
報告もある。これらの先行研究で使用されている生きがいの調査方法と今回の調査
方法では、その方法に大きな差異があり、また目的や対象も全く異なる。また、今
回の調査では、最も若い者で 59 歳と先行研究と年代の幅が異なることから今後も
慎重に検討していく必要がある。

　年代別の比較では、64 歳以下、65 歳以上 75 歳未満、75 歳以上 90 歳未満、90
歳以上の区分では、64 歳以下および 90 歳以上の人数が極端に少ないため、全体を
75 歳未満と 75 歳以上の 2 群に分けて比較した。その結果、どの尺度にも有意差

は認められなかった。「週一回以上の運動の有り群（n = 128）」と「週一回以上の運動の無し群（n = 31）」との比較（t-test）では、総得点に有意差が認められ（p < 0.05）、さらに下位尺度Ⅰ「生活・人生に対する楽天的・肯定的感情」、下位尺度Ⅲ「自己の存在の意味の認識」にも有意差が認められた（p < 0.05）。しかし、下位尺度Ⅱ「未来に対する積極的・肯定的姿勢」には有意差は認められなかった。「週一回以上の習い事や集会などへの参加の有り群（n = 117）」と「週一回以上の習い事や集会などへの参加の無し群（n = 42）」との比較（t-test）では、総得点に有意差が認められ（p < 0.05）、さらに、下位尺度Ⅱ「未来に対する積極的・肯定的姿勢」、下位尺度Ⅲ「自己の存在の意味の認識」にも有意差が認められた（p < 0.05）。しかし、下位尺度Ⅰ「生活・人生に対する楽天的・肯定的感情」には有意差は認められなかった。

　今回の調査では、「週一回以上の運動の有り群」と「週一回以上の習い事や集会などへの参加の有り群」でそれぞれの無し群よりも生きがい意識が良好であることが確認された。これは、内閣府の報告などとも一致する。このことは多くの先行研究のみならず、既に一般化しはじめているということであろう。「自己の存在の意味の認識」の得点が低い傾向にあり、さらに運動や活動への参加がない高齢者は、とくに低い得点となっている。このことは、定年退職や核家族化などの高齢になるにつれて社会的居場所が減少していくことによる影響が考えられる。

　我々の活動における運動教室も学生が参加した回とそうでない回では雰囲気や盛り上がりからが全く異なる。また、過去に継続的に関わった学生グループと地域シニアグループでは、お茶会などの企画も自然と実施され、お菓子やお茶をいただきながらのおしゃべりで運動教室以上に生き生きとした姿を見ることができた。高齢者の生活状態である暮らし向きや健康状態が高齢者の主観的幸福感に影響を与え、孫の存在により高齢者の主観的幸福感も高まる可能性を報告した先行研究もある。さらに先行研究では、「近くの小学校の子供たち」でも同様であるのか否かを検討する余地があると述べている。孫との関係は家族内の問題であり、また加齢と共に孫も成長してしまうが、高齢者と地域の学校との関係は継続性があり、高齢者が小学生相手に様々なことを教えたり、地域での活動を共有する機会を提供したりすることは、社会全体で考えていくべき取り組みであるとも述べている。近年の超高齢社会では、年齢的には大学生であっても孫のようなものであることが多くなる。その一方で、大学の全入時代以前の世代から見れば、大学生は小中高生とは異なり、

専門的なことを学んでいる学生として見られている。とくに、愛知東邦大学人間健康学部のように「運動」「体力」「健康」「体育」「スポーツ」を扱う学部の学生は、その学んでいる情報が、高齢者が得たいと考えている情報と重なる部分も広く、地域向けの教室などを開催することを考えるうえで非常に相性が良い。したがって、大学がある地域においては、小学校に限らず、中学校、高校さらには大学も含め、上手に連携し、社会全体で考えていくべき事業方法が多くあると著者は考える。

Ⅳ　今までの地域グループとの協同活動

　コロナ以前、名東区内の老人クラブのイベントとして、毎年 2 回、春の「お花見会」と秋の「紅葉狩り」を実施しているところに本学学生と参加したことがある。会場は、当日開放される愛知カンツリー倶楽部（ゴルフ場）のフェアウェイであり、ティーグラウンドをステージに様々な活動団体が普段の活動の成果を披露したり、大道芸人などの催しがあったりするイベントである。このイベントは、およそ 300 ～ 400 名ほどの高齢者でにぎわう。そこで、当時、運動教室へ参加していたシニアグループと本学学生が一緒に、会場においてイベントの参加者に体操をしてもらうという発表をした。もともとはシニアグループだけで毎年やってきたものだったが、大学生にも来てもらいたいということでコラボさせていただいた。参加している高齢者から見れば、大学生たちの存在はイベントの彩りを増させる存在となっていたように感じる。その一方で、大学生にとっては「良くも悪くも」地域住民の皆様にもてはやされる絶好の機会でもある。実際、舞台上で地域グループとの協同活動として一緒にリーダーをすること以外に、普段、愛知東邦大学で実施している教室のチラシ配布も実施した。そこでは、色々な話題でお話をしたり、お酌を受けたり、学生と高齢者との間の異世代コミュニケーションがうまれていた。これらのことは、両者の「自己の存在の意味の認識」に良好な効果を与える可能性が十分に考えられる。しかしながら、不定期参加では信頼関係の構築も難しく、また中途半端な参加ではかえってネガティブキャンペーンになりかねない。今後は、組織として学生たちが参加しやすい「仕掛け」と「仕組み」を考え、ただ参加するのではなく、大学内での意味づけ、学生たちの 4 年間の学び・活動の中での意味づけをしっかり創出したうえでトータルにコーディネートされた事業のなかの一つになるように個人レベルではなく、組織レベルでの活動が重要であると考える。

　近年、幸福が人々のネットワークを介して広がるといった研究をもとに、「人と人とのつながり」が、様々な行動や健康状態に影響を与えていることが注目されている。人の幸せは、関係している人の幸せにかかっており、健康のような幸福を集団現象として捉えることの正当性が報告されている。運動やスポーツあるいはその他の教室やイベントなどへの参加には「健康を維持するため」の他に「人との交流のため」という目的も含まれている。このことは、「健康を維持するため」という活動を始めるきっかけはあったものの、活動を継続する強い要因が「人との交流のため」あるいは活動すること自体が「いきがい」となりつつあることが考えられる。継続的な運動習慣をもたない者も地域には一定数いる。そのなかには、運動やスポーツが不得手な者や、運動プログラムの効果は継続しなければ実感することが難しく、定期的な習慣になる前に辞めてしまう者も少なくない。したがって、運動を継続してもらうためには、効果は実感できずとも活動そのものが楽しくて継続したいと思わせる、あるいは負担感なく手軽にできる環境など「仕掛け」と「仕組み」が必要であると考えられる。以上のことから、今後、検討が必要になる考え方に、「健康を維持するための運動きっかけで人との交流が促進する、あるいは目的化する」タイプと「人との交流が目的だったが、その活動がきっかけとなり、健康を維持するための運動を始める、そして継続する」タイプがあることを著者は強調したい。いずれの場合でも、「人との交流」が重要な要因である。我々が運動指導を実施している教室でも、プログラムの参加者は、いわゆる「クチコミ」によって情報を得て、参加した者も多く、「人と人とのつながり」の構築には欠かせない要因となる。もし、地域のソーシャルキャピタルの醸成そのものが、運動・スポーツとは独立して、地域の健康につながると考えられるならば、地域住民の交流の場・機会の提供数や規模に重点を置くべきであり、それはなるべく敷居が低く参加しやすいことが必要である。そのためには、先行研究にもあるように多チャンネルによる接触によるきっかけ作り、そこからのフォローアップの環境と仕組みが必要である。大学生たちの地域の高齢者との活動の中にも、そのヒントとなるものはある。例えば、お茶会などである。実施するゲームや会場の設営、お菓子やジュースの購入などを大学生に任せ、クリスマス会などを実施したことがある。そうすると、買ってくるお菓子やジュースについて、高齢者の皆さんは何を好むだろうか？、ゲームの内容や題材も何が良いだろうか？と生き生きと活動していた。実際には、それ以上に世代間の差、いわゆるジェネレーションギャップはあったが、両者とも

シニアグループと一緒に体操

大学での運動教室の宣伝

クリスマス会

それはそれで楽しんでおり、参加した高齢者も満足していた。その他にも過去に
は、スマホ教室なども開催したことがあり、運動・スポーツ以外にも学生も実施し
やすく、高齢者も参加しやすい、あるいは自主的にも実施しやすく、地域のソー
シャルキャピタルの醸成することの一助となるものがあると考える。

　また、多チャンネルという意味では、麻雀、カラオケなどによる介入も多数実施
されており、運動・スポーツにこだわる必要もなく、多チャンネルとして提供する
ものはすべてが健康のための活動である必要もないかもしれないと考える。まず
は、「人と人とのつながり」から幸福が人々のネットワークを介して広がることを
期待する方策を練り、その機会を通じて健康意識を高めるための情報を提供すると
いう方策が望ましい。それにより、一人ひとりが自ら健康行動を少しでも実施する
ことが地域全体としての健康につながる。そこから、健康教室など重点的な活動へ
移行するものが増えることが期待される。しかし、従来型の健康教室のような健康
推進のみを単独で継続しても、中規模都市での人口に対するカバー率は高くなら
ず、負担の割に非効率的だと言わざるを得ない。したがって、理想から言えば、健
康意識の高まりから数多くの個人的活動や自主グループが生まれることが望まし
い。

　単純に健康教室などイベントを開催し、個人において介入前後の比較をしても
「まち」が健康的な行動変容を起こしたかどうかを評価できない。「まち」全体の健
康的な行動変容のためには、地域の活動あるいは地域のイベントという「仕掛け」

と「仕組み」を開発・整備することが求められる。地域唯一の大学にとって、それは取り組むべき、重要な課題である。

　健康のための運動・スポーツというのは、何を実施するかよりもどのように実施させるか、継続させるかの方がより重要であり、難しい課題であると考えられる。社会全体（地域）が運動・スポーツに取り組みやすい環境であることが望まれる。

V　文献調査からシニアを対象とした取り組みの今後の発展の方向を考察する

　近藤・鎌田（1998）は、老年期によく使われる「生きがい」は、本来、自我の確立する青年期から成立する概念であろうことを指摘し、この報告のなかで、現代大学生の生きがい感とは「自らの存在価値を意識し、現状に満足し、生きる意欲を持つ過程で感じられるものであるが、人生を楽しむ場合にも感じられることがある」と述べている。このように、現代の大学生は価値ある目標に向かっての努力やその達成感だけでなく生活の満足や人生享楽をも重視することが生きがい感につながると考えていることを示唆している。このことから、現代の若者は社会から期待される生き方や価値観にとらわれず、現在を自由に主体的に喜びを味わって生きることにためらいを感じなくなっていることの現れであろうと思われることを述べている。大学スポーツをキャリア教育に活かそうとした場合、まさに従来型の競技スポーツにおけるパフォーマンスの向上や勝利を目指した活動は「価値ある目標に向かっての努力やその達成感」型の課外活動といえる。したがって、現代の大学生に対しては、そのような課外活動だけでは不十分と考えられ、将来的な目標だけでなく、その活動に取り組んでいる瞬間の面白さ、楽しさを十分に考慮して学生のキャリア育成につながる課外活動を考える必要がある。イマドキの学生は、まさに「今を生きる」という精神なのかもしれない。

　荒井・野嶋（2017）による「大学生のボランティア活動への参加成果志向が参加志向動機・不参加志向動機に及ぼす影響」を調査した資料によると、大学生のボランティア活動参加に対して、「参加成果志向」が、参加志向動機・不参加志向動機を規定する要因であると述べている。「参加成果志向」とは、ボランティア活動を通じて、自身が認知する心理・社会的報酬である「参加成果」をボランティア活動経験から得たいと期待することである。そして、この結果から参加成果の期待と実

感とのギャップが障害となる可能性を指摘し、ボランティア活動の推進やボランティア教育の効果を高めるには、参加成果の期待と実際の活動内容とのミスマッチを防ぐ必要があると述べ、そのためには、大学生がボランティア活動を通じて得たい参加成果への期待を的確に捉え、その期待に対して適切に応え、実感させるための方策をとる必要があることを示唆している。

　清宮ら（2021）は、体育系大学生696名において、スポーツボランティアに対するイメージの類型化から「意欲的な学生」と「意欲的ではない学生」の特徴を報告している。スポーツボランティア活動に対して「義務型」「互酬型」「労働型」「貢献型」「自発型」ののイメージを持った集団に類型化され、「意欲的な学生」は女性とスポーツボランティア参加経験がある学生、「意欲的ではない学生」は「義務型」と「貢献型」のイメージを有する学生であり、男性とスポーツボランティア未経験者であったと報告している。ただし、必ずしも参加をすれば能動的になるという構図は成立しないことも指摘している。また、注目すべき考察として以下のようなものもあった。体育系大学生で最も多いのは「義務型」であり、これはスポーツボランティアを他律的に捉え、利他的とも利己的とも思っていない、すなわち、クラブ、サークル、ゼミから依頼を受けて行うもので、メリットがないとイメージしている可能性が示唆されたということである。したがって、「義務型」に属する学生に対してはスポーツボランティアの利他的や利己的な側面を教示することや、スポーツボランティアに強制的に参加させない組織づくりの必要性が指摘されていた。この点については、メリットや成果の説明なく強制的に参加させることはよくある事例でもあることから、十分に留意する必要が本学においても考えられる。「労働型」が「義務型」に次いで多く、他律的ではあるが肯定的なイメージを抱く傾向にあるものの、報酬を貰えるイメージが強く、この集団はスポーツボランティアをアルバイト感覚で捉えていることが指摘された。有償、無償の観点については議論の分かれるところではあるが、「お金がない」ことを理由に参加できていない学生の存在が示されていることから、有償、無償などの定義にとらわれない活動を促進することが体育系大学生のスポーツボランティア活動へのさらなる参画につながると推察している。これらの清宮ら（2021）らの示唆から、本学においても有償、無償が混在はしているが、そこは前向きにより多くの学生の参加のきっかけのためと捉え、その一方で、メリットや成果の説明を丁寧にすべきであること、クラブ・サークルなどを利用して強制しないこと、さらに今後、どのようにして女子学

生の比率を高くするかがスポーツボランティアやその他の類似する活動への積極的な学生参加を促すために必要であることが考えられた。そして、その活動を通して学生のキャリア教育にも良い効果が表れるようにプログラムを構築することが望まれる。

　神戸山手大学では、公開講座を設置し地域に生涯学習の機会を提供している。その一つとして「シニア50＋（フィフティプラス）」というAO方式の入試制度を設け、高い学習意欲を持つシニア層の方々が、正規学生として学べる道を開いている。飯嶋・行木（2013）は、「生涯学習におけるシニア大学生の学びのニーズ―神戸山手大学のシニア学生を対象にした調査結果から―」の報告の中でシニア学生が大学で学ぶ意義を生涯学習の視点から考察している。

　　文部科学省（超高齢社会における生涯学習の在り方に関する検討会）、2012『長寿社会における生涯学習の在り方について～人生100年いくつになっても学ぶ幸せ「幸齢社会」～』では、人生100年時代の到来の中での生涯学習の在り方を検討している。そこでは「高齢社会」という言葉の持つマイナスのイメージから脱却し、健康で、生きがいをもった高齢期を迎えるためには、人生100年時代を想定した人生設計を行う必要があること、また高齢者の実態とイメージは乖離しており、社会から支えられる存在ではなく、地域が抱える課題を解決する「地域社会の主役」として活躍できる環境を整備することが必要であるとしている。そして、生涯学習の役割は幸せな人生を支える社会保障であるとして、その具体的な内容として、生きがいの創出、健康維持・介護予防、絆の構築による孤立の防止、地域社会の活性化、世代間交流（家庭支援など）をあげている。シニア層が大学で学ぶ意義については、生涯学習という社会的要請を背景としたマクロな視点からの考察だけではなく、個々のシニア学生にとって学びがいかなる意義を持つものなのかを明らかにするミクロな視点からの考察も必要だろう。

　　（中略）

　シニア学生は、互いをライバルとして勉学に励む一方、一緒に食事に行ったり旅行に行ったりと、良い友人関係も築いている。孤立どころか、「大学に来なければ出会えなかったような様々な経歴や年齢の人」との交流を、みな楽しんでいるようである。若い学生とも、ゼミや授業、クラブ活動など様々な場

で、盛んに、また自然に交流が重ねられている。18歳から23、4歳位までの
同世代の若者だけで構成された大学とは違い、社会経験のあるシニア層と一緒
に学ぶことができる神戸山手大学の環境は、若い学生にとっても、シニア層に
とっても意義のあるものになっていると思われる。

　この報告は、「課外活動」あるいは「ゼミ」の一部で健康教室を実施していただ
けの取り組みが、やがてお茶会や食事会へと発展した我々の取り組みが今後さらな
る革新を目指すヒントになると考えている。以前には、本学にも愛知東邦大学コ
ミュニティカレッジ（ATUCC）が展開されていた。これは、授業とは別で、かつ
各講座がそれぞれ独立したものであった。しかし、人間健康学部で展開しているカ
リキュラムの内容は、「健康」と題し「身体」「心」「福祉」とそのままでも十分に
興味をひく可能性を秘めている。まずは、科目等履修生、あるいは15回のうち特
定の数回だけの聴講生という取り組みは検討してみる価値があるよう感じた。いず
れにしても、今までに大学生が関わった時の方が、関わらない時よりも楽しいと高
齢者が口にすることは明らかである。その一方、大学生がいない時などは「今日
は、学生さんは来ないのか？」など、大学生との関わりを楽しみにしている方も少
なくない。しかし、大学生の多くは、参加すれば「楽しかった」と言うものの、中
には全く興味を示さない学生もいる。日程を合わせる時も、優先順序は、アルバイ
トやプライベートの方が常に高く、場合によっては授業の一環だとしても、一回の
欠席で済むならば参加しない大学生も一部いる。したがって、今後、このような活
動を継続していくのであれば、この活動に積極的に関わりたいという学生グループ
の形成を目指さなければならない。そして、それが学生のキャリアデザインにつな
がることが望ましい。

【参考文献】
荒井俊行・野嶋栄一郎（2017）「大学生のボランティア活動への参加成果志向が参加志向
　動機・不参加志向動機に及ぼす影響」『日本教育工学会論文誌』41（1）、97-108。
飯嶋香織・行木敬（2013）「生涯学習におけるシニア大学生の学びのニーズ―神戸山手大
　学のシニア学生を対象にした調査結果から―」『神戸山手大学紀要』15。
今井忠則・長田久雄・西村芳貢（2012）「生きがい意識尺度（Ikigai-9）の信頼性と妥当性
　の検討」『日本公衆衛生雑誌』59（7）、433-439。
清宮孝文・依田充代・門屋貴久・阿部征大（2021）「体育系大学生のスポーツボランティ

アに対するイメージの類型化―スポーツボランティア活動に『意欲的な学生』と『意欲的ではない学生』の特徴に着目して―」『日本体育大学紀要』50、1019-1029。

熊野道子（2006）「生きがいとその類似概念の構造」『健康心理学研究』19（1）、56-66。

小長谷一之・北田暁美・牛場智（2006）「まちづくりとソーシャルキャピタル」『創造都市研究』第 1 巻創刊号、大阪市立大学。

近藤勉・鎌田次郎（1998）「現代大学生の生きがい感とスケール作成」『健康心理学研究』11（1）、73-82。

近藤勉・鎌田次郎（2004）「高齢者の生きがい感に影響する性別と年代からみた要因―都市の老人福祉センター高齢者を対象として―」『老年精神医学雑誌』15（11）、1281-1290。

澤田節子・肥田幸子・尚爾華・中野匡隆（2015）「地域在住高齢者の健康維持活動支援に関する調査」『東邦学誌』44（2）、117-140。

澁谷由紀（2019）「大学生がインターンシップ経験とアルバイト経験から得た学びについての一考察」『キャリア教育研究』37（2）、55-66。

谷口守・松中亮治・芝池綾（2008）「ソーシャルキャピタル形成とまちづくり意識の関連」『土木計画学研究・論文集』25、311-318。

堤惠理子・大屋友紀子・床島絵美（2011）「健康マージャン教室は高齢者の心とからだの健康づくりの起爆剤となりうるか?―地域在住高齢者の余暇活動のひとつである健康マージャンに着目して―」『西九州リハビリテーション研究』4、7-10。

内閣府「令和 3 年度 高齢者の日常生活・地域社会への参加に関する調査結果（概要版）」https://www8.cao.go.jp/kourei/ishiki/r03/gaiyo/pdf_indexg.html（2023 年 1 月 10 日参照）。

内閣府「令和 3 年度 高齢者の日常生活・地域社会への参加に関する調査結果（全体版）」https://www8.cao.go.jp/kourei/ishiki/r03/zentai/pdf_index.html（2023 年 1 月 10 日 参照）。

中村辰哉・浜翔太郎・後藤正幸（2007）「孫との関係に着目した高齢者の主観的幸福感に関する研究」『武蔵工業大学 環境情報学部 情報メディアセンタージャーナル』8、75-86。

西村純一（2005）「サラリーマンの生きがいの構造、年齢差および性差の検討」『東京家政大学研究紀要』45（1）、209-214。

芳賀博（2012）「2. アクションリサーチによる健康長寿のまちづくり」『日本老年医学会雑誌』49（1）、33-35。

Dayman, L. (2020) "Ikigai: The Japanese Concept of Finding Purpose in Life," Savvy Tokyo, January 15, 2020. https://savvytokyo.com/ikigai-japanese-concept-finding-purpose-life/（2023 年 1 月 10 日参照）

Fowler, J. H. and Christakis, N. A. (2008) "Dynamic spread of happiness in a large social network: longitudinal analysis over 20 years in the Framingham Heart Study," *BMJ*, 337.

第2章　愛知東邦大学のスポーツクラブにおける取り組みの紹介

波多野 由美（第Ⅰ節）・樊 孟（第Ⅱ節）・波多野 雄哉（第Ⅲ節）

Ⅰ　ヨガ

1　ヨガとは

　認定NPO法人日本ヨガ連盟によると、「YOGA（ヨガ、ヨーガ）は、インドのみならず日本や中国など東洋で3千年以上昔から行われてきた生き方のための方法と考え方です」と説明されている。木村（2008）によると、ヨガは今から約五千年前のインダス文明の頃にはすでに存在していたと考えられており、これはヨガや仏教で用いられる座り方である「結跏趺坐（けっかふざ）」の姿勢をしたヨガ行者のような座像が彫られた粘土製の印がインダス川流域の遺跡から発見されたことを根拠としている。そして三千年以上前にはヨガの聖典が文字化されていたといわれているが、ヨガ行者による修行として、一般社会の中ではなく、山中で行じられていたとされている。それが現在ではヨガはインドのみならず世界中に広がり、だれでもがヨガを実施するようになった。したがって、厳しい環境の中で一部の厳しい訓練を積んだ人間が行ってきた本来の伝統的ヨガの中には、一般の健康づくりに不向きのものもある。他方、古来より行われてきたヨガの行法では、自己存在を見つめ直し、その存在の意味を問い続けるものであり、その過程において自己の身体的、精神的、社会的、そして宗教的な健康状態を作り出すことができる優れた修行体系であるともいわれている。

　認定NPO法人日本ヨガ連盟のヨガの説明に「考え方」とあるように、「ヨガ」は本来、生命＝自然＝真理を「結ぶ」という意味を持ち、真理に目覚めて人間としての正しい生き方をすることであるとしている。また、同連盟は、「生きている間に社会であらゆることを学び、その学んだことや身に付けたことを人々のために役立てながら、自己成長することを目的としたヨガに力を入れています」と述べており、単に柔軟な身体を作り出すことによる身体的な健康だけを目的とするのでは

なく、精神的、社会的にも健康な状態を目指していることが、WHO（世界保健機関）憲章の健康定義とほぼ同義であり、このことが広く普及している要因なのかもしれない。そして、この古代インドで発祥したヨガは、現在では世界的に広まっており、日本国内でも同様に人気エクササイズのひとつとなったのである。ヨガで最も大切な要素は「呼吸法」と「正姿勢」とされており、ヨガの深い呼吸法は、乱れていた感情を平常心に戻し集中力を高めたり、全身に酸素をいきわたらせることによって細胞の活性化を促し新陳代謝を高めたり、心身をリラックスさせたりする効果があるとされ、ヨガの正しい姿勢は、呼吸を楽にし、リラックス感と充実感が得られ、さらに体の歪みを取ったり、筋肉や骨のバランスを取りやすくする効果があると日本ヨガ連盟では説明している。このように、種々のポーズを用いて身体を操り柔軟で身体的な健康を目指し、呼吸や瞑想によるリラクゼーション法で精神的にも健康を目指せること、そして、これらが比較的軽い強度でゆっくりと行われることが幅広い世代の支持を得ることにつながっていると考えられる。

2　これまでの愛知東邦大学におけるヨガの取り組み

　現在、愛知東邦大学を会場として週1回のペースで実施されているシニア向け「お気軽ヨガ教室」は2020年度からスタートした。この教室では難しいポーズや多様なポーズなどは積極的には使用せず、またポーズの習得も目的としていない。そのため、毎回インストラクターの支持に従いながらのシンプルなポーズと動きを行い、主に呼吸や身体への気づきを重視し、多少のポーズの間違い等は許容しながら実施している。

　一般的なシニア向けのヨガでは、全身を動かしほぐすことで、柔軟性、筋力、持久力、バランス能力の低下を予防することに加え、呼吸法や瞑想によって認知機能の維持、認知症の予防、血管機能、呼吸機能の維持や抑うつ気分の改善など多くの効果が期待されている。また、イギリスでの65～85歳を対象としたヨガの効果に関する研究では、ヨガをすることで片足立ち時間の改善、バランス感覚・筋力の改善や、幸福感・倦怠感の改善効果が示されている。「お気軽ヨガ教室」でも参加者からは「疲れが取れる」「体が軽くなる」「気持ちよくて寝てしまう」「頭がすっきりする」「呼吸が楽になる」「就寝時の寝つきが良くなった」「睡眠中に目が覚めることが減った」などといった感想を聞くことができ、参加者の満足度は高い。簡単なヨガの実施であっても十分な効果が期待できそうである。ヨガは比較的安全に

お気軽ヨガ教室の風景

実施できるエクササイズだと思われているが、頑張りすぎると痛みや怪我につながる場合もあり、とくにシニア向けに実施する場合は注意が必要である。一般向けのヨガでは無理をせず身体が心地の良いと感じる範囲で実施することが重要といわれているが、「お気軽」という名目をつけることは、シニア向けの教室として実施することに有益であったかもしれない。

3　愛知東邦大学におけるヨガの取り組みのこれから

　COVID-19 の流行以前のシニア向けの教室では、大学生に参加を促したり、指導をさせたりしており、大学生の参加があるだけでシニアの参加者の満足度は高くなることが参加者の感想などから明らかとなっている。2023 年度からは COVID-19 対策を十分に考えつつ、「お気軽ヨガ教室」でも大学生の参加や指導補助を促し、さらにシニア向け以外のヨガ教室も検討していきたい。また、ヨガは高齢者のみならず、比較的若い成人女性や子育て世代や中高年の女性にも幅広く人気のあるエクササイズである。加えて、2023 年度からは総合教養科目の実習科目として「スポーツ実技（ストレッチング＆ヨガ）」が新たに開講されるため、上手に連動して大学生を巻き込みながら愛知東邦大学におけるヨガ教室の拡充を進めていきたい。将来的に大学生が 4 年間でインストクター資格も取得し、指導者として主体的に活動するようになることを願う。

お気軽太極拳教室の風景

Ⅱ　太極拳

1　はじめに

　近年、民間のスポーツ施設や運動教室に通う高齢者が増えている。現在、愛知東邦大学において地域住民を対象とした運動教室（ヨガ、太極拳、マット運動）が行われている。著者はこの運動教室で太極拳の講師をしている。毎週、皆の元気な顔見られることは講師として本当にうれしい限りである。太極拳は腕、脚、顔を同時に別々に動かすことが求められる。太極拳運動中は常に頭の中で動きを意識する必要があるため、頭もフル回転し、頭の運動と体の運動が一度にできることから、太極拳はまさに一石二鳥の運動である。仮に運動の技術がそれほど上達しなくても、元気に通っているということに十分意味があるのである。

　運動は心身の健康の維持・増進にとって重要な役割を持っている。特に現在の世の中は心身のストレスが掛かりやすい社会であり、ストレス対応力を身に付けることは非常に重要である。その手段として運動は大きな役割を果たす。しかし、単にそのための運動としてだけではなく、将来的には、皆さんの生きがいとして、生活をより豊かにするものとして、太極拳や中国武術が皆さんに根付くことを願う。そこで本稿では、単に運動としての太極拳だけではなく、太極拳の文化や特性や科学的根拠を紹介する。

2　太極拳とは

（1）太極拳の歴史

　太極拳は中国武術の一種で、すでに四百年余りの歴史があるが、数千年の武術の歴史と比べるとその歴史は短い。太極拳の本来の目的は、身を守るための護身術としての技能を強化したり、体を鍛え健康にしたりするだけではなく、心身を緩めて血気を巡らす心身の運動である。今日に至っては、前記の特徴を備えるだけでなく、太極拳を通じて人と人を結ぶ自然交流により、互いに友好を深めながら、国際スポーツの舞台が開かれ、正式にアジア及び国際的なスポーツ競技種目となった。一連の歴史記載によると、太極拳は明末代から清初期の頃に創始され、中国河南省陳家溝の陳王庭の手により草創されたが、中国伝統の習慣により、太極拳は外部の者に伝えることは許されなかった。さらに、伝統思想において女性は武術を習うことができなかった。しかし、歴史の発展とともに、古いしきたりが打ち壊され始め、陳家溝の太極拳は次第に一族の門外へ広まり、さらには女性も太極拳の世界に入る権利を得るに至った。その後、太極拳は貴族達の好感を得て、彼らの健身法かつ娯楽となり、太極拳の普及が図られ、社会に認められるようになった。1949年中華人民共和国成立後、1956年に中国政府は太極拳専門家を組織した。この狙いは人民の健康を考慮すると同時に、中国の特色ある伝統体育文化を失わぬよう、また初心者がなるべく簡単で習いやすいよう考慮して、動作が複雑で長い伝統太極拳の時間を省くことであった。そして、伝統太極拳の特色を継承かつ維持することを基本とした。簡単で習いやすい「簡化24式太極拳」を編集した。その結果、中国政府は全中国において太極拳を広く普及することができ、ついには太極拳を正に人民の健身体育とすることができたのである。現在、この東洋の体育文化は、中国を出て、外国人の歓迎を受け国際スポーツ界の舞台へと広がりを見せている。

（2）太極拳の特性

　太極拳は武術であり、現代においては健康運動として世界各地で親しまれている。格闘する際の本来の用法は、相手の力を利用し相手の重心を崩すことで、自分の重心を安定させ保持しながら攻撃から身を守るものであり、太極拳の各動作には、実際の形象された意味と格闘の用法を持っている。

　太極拳は体を緩めリラックスした状態のうえで、ゆっくりと頭から足先までの動きと呼吸を協調させながら重心を移動させて一連の動作を完成させていくものであ

26

中国での太極拳の風景

太極拳の動き（一部）

る。一つの動作には大抵の場合、顔の向き、腕の動き、足の動きが同時に伴う必要
があり、そのゆっくりとした動作は足腰の筋力を鍛え、集中力を養う効果があると
言われている。

（3）太極拳の運動効果

・バランスコントロール力の向上

　太極拳は、ほとんどの運動過程において一本の脚で体重の支えを切り換えるの
で、この動作自体にバランス能力が必要である。上半身の動作と下半身の動作の
重心バランスを常に調整しなくてはならず、長期的に太極拳の練習をすることに
より、バランスコントロールを鍛えることにつながるのである。

・脚力の増強

　膝を少し曲げた状態で重心移動を行う動作が多い太極拳は、一連の動作が終わ
るまでの5〜6分の間、下半身へ負荷をかけることになる。さらに重心移動に
伴ったバランスコントロールにおいて、足を踏ん張る力も必要となり、必然的に
脚力が鍛えられるのである。

・思考集中力の向上

　太極拳は一連の動作編成がされており、常に変化する動作の中で、腕、脚、
腰、頭を同時に動かしながら重心の移動に集中する必要がある。初心者において
は、その動作を覚えることに、さらなる集中と記憶を余儀なくされるため、思考
力、集中力の向上につながるとされる。

・精神疲労の軽減

　動作が持つ意味を意識しながら体を動かす必要がある太極拳は、集中を余儀な
くされることで、日常の煩わしさを忘れ、神経に良好な休息を与えてくれるうえ
に、じわじわと体を温め心地よくさせてくれるため、精神のリラックス効果につ
ながるとされる。

・認知力の向上

　太極拳を学ぶには、まず動作の順序を覚えなければならず、初心者にとっては

特に容易ではない。また、腕、脚、腰、頭の動きを同時に変化させる必要がある
ため、このように脳を使って動作を表現する行為は認知力の向上あるいは認知力
の低下予防に効果的な手段である。

・血液循環の向上

　緩慢な動きで、力を抜いた全身運動である太極拳は、徐々に体を温めてくれ、
全身の血液循環を高めるのに効果的である。

（４）太極拳の練習方法

　初心者と武術としての太極拳の練習方法に違いがあるのもの、基本的には柔軟性
を高める必要がある。首、肩、腕、腰、脚、爪先まで緩めるため、時間をかけて柔
軟運動を行ったうえで練習を開始する。太極拳の基本として、型（手型、身型、歩
型）と体の運び方（手法、身法、歩法、脚法及び眼法）がある。練習はまず形を認識
し、動きとして表現する。動作の正確な形と形の変化、重心移動のタイミングと動
作の速さを確認しながら反復練習するのが基本的な方法と言える。

3　中高齢者を対象とした太極拳運動による６週間の介入が機能的体力へ及ぼす影響

【緒言】

　高齢者の運動機能の維持・増進は、加齢に伴う身体的な退化を防ぎ、活動的な社
会生活を継続していくうえで重要な要因である。近年では介護予防を目的とした、
包括的高齢者トレーニング（新井ら、2003）、予防的運動の実践方法と効果（半田ら、
2004）が一般的に知られるようになってきた。日本では高齢化が急速に進行してお
り、2018年10月1日現在、総人口は1億2,644万人のうち65歳以上の高齢者人
口が3,558万人となり、総人口に占める割合（高齢化率）は28.1％となった（内閣府、
2019）。それに伴い社会保障給付も2014年には14兆円を突破していることから（藤
田ら、2018）、高齢者が自立した生活を維持すること、つまり、健康寿命の延伸が
極めて重要な課題となっている。このような背景から、日本では健康づくり施策と
して、30分以上の運動を週に2回以上実施する習慣を持つことが推奨されている
（内閣府、2013）。

　中国武術の一つである太極拳は伝統的な格闘技を元に17世紀に考案されたもの
で（China National Sports Commission, 1983）、太極拳は動きがゆっくりとしており、

教室と測定の風景

　中高齢者にとって取り組みやすく、健康づくりを目的とする東洋的なエクササイズ
の代表として、中国はもとよりアジア、欧米において広く普及してきている。日本
でも約 150 万人の太極拳愛好者がおり、割合としては中高齢者が多く、太極拳は
中高齢者向きの運動として定着している（日本武術太極拳連盟ホームページ）。中高
齢者を対象として、太極拳を 1 回 60 分間以上、週 2 回以上、15 週間〜 48 週間継
続すると、バランス能力の改善や転倒予防などの効果があることが報告されている
（Choi et al., 2005；Hong et al., 2000；Li et al., 2004；Li et al., 2005；大平ら、2010；高
橋・上岡、2004；Tse and Bailey, 1992）。しかしながら、介入期間の長期化による運
動指導コストの問題が挙げられている（郭ら、2007）。
　そこで、今後さらに太極拳の良さを広めるためにも、これまでの先行研究におけ
る太極拳の運動継続期間より短い期間でも、中高齢者の身体機能維持・増進に役立
つ可能性があるかどうか、本研究は 2019 年 5 月〜 7 月に「地域住民のための健康
づくり運動教室」に参加した中高齢者を対象として、太極拳を 1 回当たり 60 分間、
週 2 回、6 週間介入した場合の体力へ及ぼす運動効果について、明らかにすること
を目的とした。

【方法】

（1）研究対象者

　研究対象者は、愛知大学体育研究室の主催により、地域貢献や中国武術の普及・発展を目的とした事業の一貫で毎年開催している「地域住民のための健康づくり運動教室」（以下「教室」と略記）に参加した者を対象とした。教室への参加者は市報にて募集した。応募した参加者全員が研究の趣旨に賛同し、運動プログラム期間の前後における機能的体力などの測定について、参加者全員の同意を得たうえで実施した。2019 年春、「太極拳教室」に参加した 22 名のうち 50 歳から 70 歳までの参加者で教室前後に行う体力測定に前後ともに参加した 9 名を対象とした。

　また 65 歳以上の参加者には日常生活能力（Activities of Daily Living：ADL）テストをあわせて実施し、既往歴、現在治療中の疾病の有無、運動が可能であるかを調査し、研究参加に支障がないと判断された者のみを研究対象者とした。

　また、測定に先立ち、すべての参加者には研究の内容、目的、方法などの詳細を説明したうえで、文書によるインフォームドコンセントを得た。なお、本研究は愛知大学における「人を対象とする研究に関する倫理審査委員会」の承認（承認番号：2018-05）を得たうえで行った。

（2）運動内容

　教室は 1 回当たり 60 分間、週 2 回、合計 12 回（6 週間）実施した。実施する内容は初心者用に太極拳のゆったりとした動作を中心にして、健康づくりに必要なストレッチを取り入れて実施した。1 〜 3 回目の教室では手の動きの指導を、4 〜 6 回目の教室では足の動きを指導した。7 〜 9 回目の教室では手と足を組み合わせ一つの動きとなるように指導した。10 〜 12 回目の教室では套路（套路とは始めから終わりまでの一連の動作のことを意味し、日本では「型」と言われる）を目的として、それまでに習得した個々の動きを連続した動きへとつなげていくための指導をした。毎回参加者の習熟度に合わせて反復練習した。60 分間の時間配分は 20 分間の準備運動、35 分間の主運動、5 分間のクールダウンであった。介入期間の前後で身長、体重、身体組成、機能的体力テストの測定を実施した。

（3）身体特性と身体組成の測定

　身長は、健康診断の結果を基に自己申告とした。体重および身体組成は、タニ

タ社製の体脂肪計（TBF-110）を用いて行った。その測定に当たっては、研究対象者の着衣量を全員一律 1kg に設定し、研究対象者の性別、年齢、身長を入力して、体重、体脂肪率、体脂肪量、BMI が計測された。

（4）機能的体力テスト

　6 週間の教室参加前、終了後に体力テストを実施した。運動介入効果の判定として機能的体力テストを用いた。機能的体力テストとは、日常生活を自立して生きるための身体的能力を、機能的体力として定義し開発されたのち（Rikli and Jones, 1999）、竹島・ロジャース（2006）によって改変された体力テストのことである（藤田ら、2016）。すべての機能的体力テストは、事前に十分な説明と練習を行ったうえ、以下の要領で実施した。

・閉眼片足立ち

　目を閉じた状態で腰に手を当てて立ち、記録員の合図で膝を曲げるようにして片足を軽く浮かせて、片足で何秒立っていられるかを測定した。軸足がずれたり、浮かせた足が軸足や床に触れたり、手が腰から離れた時点までの時間を計測した。左右の足とも測定は 2 回行い、良い方の値を採用した。

・握力

　スメドレー式デジタル握力計（T.K.K.5401、竹井機器工業株式会社、新潟市）を用いて、握力計の指針が外側になるように持ち、人差し指の第 2 関節が、ほぼ直角になるように握りの幅を調節する。直立の姿勢で両足を左右に自然に開き、腕を自然に下げ、握力計を身体や衣服に触れないようにして力いっぱい握りしめる。握力計を振り回さないよう、右→左→右→左 4 回連続で実施した後、計器に自動で示される平均値を求めた。これを 1 セットとした測定を 2 回行い、良い方の値を採用した。

・長座体前屈

　デジタル長座体前屈計（T.K.K.5412、竹井機器工業株式会社、新潟市）を用いて、両脚を体前屈計の間に入れ、背、尻を壁につけ、肩幅の広さで両手のひらを下にし、手のひらの中央付近が体前屈計の手前端にかかるように置き、背筋を伸ばし

胸を張って、両肘を伸ばした位置から膝が曲がらないように注意しながら、ゆっくりと前屈し体前屈計を前方へ滑らせるよう指示した。測定は2回行い、良い方の値を採用した。

・ファンクショナルリーチ（forward-functional reach：F-FR）

　対象者を壁の前に両足をそろえて横向きに立たせ、両上肢を肩の高さで真直ぐ前に伸ばした状態（肩関節前方挙上90度位）から、上体をできる限り前に倒させ、その姿勢で両中指が前方に届いた距離（測定開始からの差）を、1cm単位で測定する。上体を前に倒した姿勢から元の姿勢に戻せない場合は失敗試技とする。測定は2回行い、2回目の測定値の方が伸びた場合には3回目まで測定し、良い方の値を採用した。

・タンデム歩行

　平坦な床面に2.5mのテープを貼り、その線上に沿って「つぎ足歩行」を行い、その歩数を計測する。測定は2回行い、良い方の値を採用した。

・タイムアップアンドゴー（timed up and go：TUG）

　対象者には椅子に座った状態から、検者の合図で椅子から立ち上がり、できるだけ早く3m先のコーンを回り、もとの椅子に戻って座るように指示する。スタートの合図から対象者が完全に座るまでの時間を、手動式のストップウォッチを用いて0.01秒の単位で計測する。測定は2回行い、良い方の値を採用した。

・通常歩行速度

　10mの平坦な歩行路に3mと8mの地点にテープを貼り、歩行開始後3mのラインを体の一部（腰または肩）が超えた時点から、8mのラインを超えた時点までの5mの歩行時間を、手動式のストップウォッチを用いて0.01秒の単位で計測する。対象者にはいつも歩いている速さで歩くよう、また、競争しないように指示した。測定は2回行い、良い方の値を採用した。

・立ち幅とび

　両足を軽く開いて、つま先が踏切線の前端にそろうように立ち、両足で同時に

踏み切って前方へ跳び、体が床に触れた位置のうち踏切線に最も近い位置と踏み切り前の両足の中央の位置（踏切線の前端）を結んだ距離を測定した。測定は 2 回行い、良い方の値を採用した。

・垂直とび

　デジタル垂直とび測定器（T.K.K.5406、竹井機器工業株式会社、新潟市）を用いて、測定用の紐が出ているマットの上に立ち、ひもの片方を腰に巻き付ける。紐をぴんと張るようにして、跳躍前の腰の高さに固定した状態でメーターの目盛りを 0cm に合わせておき、この状態で垂直に跳躍して測定した。跳び上がる瞬間と着地の瞬間に垂らしているひもに手や足を引っかけないこと、最初に立った位置から斜めに跳び上がらないように指示した。測定は 2 回行い、良い方の値を採用した。

・反復横とび

　床に 3 本の平行線を 1m 間隔で引き、中央ラインをまたいで立ち、「始め」の合図で右側のラインを越すかまたは、踏むまでサイドステップし（ジャンプしてはいけない）、次に中央ラインに戻り、さらに左側のラインを越すかまたは触れるまでサイドステップする。テスト実施前のウォーミングアップでは、足首、アキレス腱、膝などの柔軟運動（ストレッチングなどを含む）を十分に行ったうえで測定した。上記の運動を 20 秒間繰り返し、それぞれのラインを通過するごとに 1 点として合計数を数えた。測定は 2 回行い、良い方の値を採用した。

・上体起こし

　床上で仰臥姿勢をとり、両手を軽く握り、両腕を胸の前で組み、両膝の角度を 90°に保つ。補助者は、対象者の両膝を押さえ固定し、「始め」の合図で仰臥姿勢から、両肘と両大腿部が付いて 1 回とし、また、すばやく開始時の仰臥姿勢に戻す運動を 30 秒間にできるだけ多く繰り返した。測定は 1 回のみ実施し、腰痛の自覚症状のある対象者には、このテストを実施しないように指示した。

・片足スクワット

　椅子に腰掛けた状態から片足で立つ、座るという動作をできるだけ速く繰り返

表 2-1　研究対象者の特徴

測定項目	介入前	介入後	P 値
年齢（yrs）	66.1 ± 4	66.1 ± 4	n. s.
身長（cm）	157.9 ± 8	157.8 ± 7.6	n. s.
体重（kg）	52.7 ± 8.5	51.9 ± 8.6	n. s.
体脂肪率（%）	22.8 ± 5.1	22.6 ± 5	n. s.
体脂肪量（kg）	12.1 ± 3.1	11.8 ± 3.1	n. s.
BMI	21 ± 2.2	20.8 ± 2.3	n. s.

注：変数の値は平均値±標準偏差。

し、30秒間に何回立つことができるかを測定した。この際、手は前方にまっすぐ伸ばし、反動をつけないよう指示した。左右の足について1回ずつ行った。

（5）分析方法および統計処理

　得られた数値はすべて平均値および標準偏差で示した。解析対象者は介入前と後の両方の体力測定が実施できたものとした。教室前後の機能的体力テストの測定項目を比較するため、反復測定による一要因分散分析を用いた。統計処理には、統計解析ソフトウェア（SPSS ver. 23.0 for Windows）を用い、有意水準は5%未満とした。

【結果】

（1）研究対象者の身体特性と身体組成

　表2-1には、介入前後における研究対象者の年齢と身長と身体組成を示した。介入前後の年齢、身長、体重、体脂肪率、体脂肪量、BMIのいずれにも有意な差が認められなかった。

（2）運動介入前後の機能的体力の変化

　表2-2には介入前後の機能的体力測定値の比較を示す。介入前後の反復横跳びの値は、それぞれ $33.7 ± 3.7$ 回と $39.6 ± 3$ 回と介入前後で有意（$p < 0.05$）に増加した。介入前後の片足スクワット（左足）の値は、それぞれ $12 ± 7.6$ 回と $14.3 ± 6$ 回と介入前後で有意（$p < 0.05$）に増加した。一方、介入前後の通常歩行速度の値

表2-2　太極拳運動の介入前後の機能的体力の比較（N＝9名）

測定項目		前	後ろ	P値
閉眼片足立ち（秒）	右	11.1 ± 6.8	17.5 ± 11.9	n. s.
	左	10.9 ± 7.1	11.5 ± 6.4	n. s.
握力（kg）		22.7 ± 4.9	23.8 ± 6.7	n. s.
長座体前屈（cm）		36.3 ± 12.2	37.2 ± 13.5	n. s.
F-FR（cm）		27.3 ± 3.9	28.3 ± 3.5	n. s.
タンダム歩行（歩数）		10.1 ± 0.9	9.9 ± 0.9	n. s.
TUGT（秒）		4.4 ± 0.8	4.5 ± 0.5	n. s.
通常歩行速度（秒）		3.7 ± 0.5	3.0 ± 0.5	p＜0.05
立ち幅跳び（cm）		116.7 ± 21.6	116.2 ± 21.6	n. s.
垂直跳び（cm）		25.1 ± 5	24.8 ± 4.5	n. s.
反復横跳び（回）		33.7 ± 3.7	39.6 ± 3	p＜0.05
上体起こし（回）		9.3 ± 4.4	10.6 ± 5	n. s.
片足スクワット（回）	右	12.7 ± 6.6	16.0 ± 3	n. s.
	左	12.0 ± 7.6	14.3 ± 6	p＜0.05

F-FR=forward-functional reach ; TUGT=timed up and go.
注：値は平均値±標準偏差。

は、それぞれ $3.7 ± 0.5$ 秒と $3.0 ± 0.5$ 秒と介入前後で有意（$p < 0.05$）に減少した。これ以外の機能的体力テスト項目の値の変化は、有意（$p > 0.05$）ではなかった。

【考察】

　本研究では、同じ地域に在住する50～70歳の中高齢者を対象に、6週間という短期間ではあるが太極拳の介入を試み、機能的体力を指標にして太極拳による運動の効果を検討した。その結果、反復横跳びと片足スクワット（左足）は有意に増加し、通常歩行速度は有意に減少した。これらの結果は太極拳運動を6週間という短期間に行うことでも、下肢筋力と敏捷性の向上に効果的であることを示した。

　高杉（2005）は地域在住の中高齢者を対象に3ヶ月間の太極拳運動を指導した結果、F-FRなどの項目で9～16.7％の有意な改善が認められたと報告した。F-FRは体力要素の複合型指標として中高齢者の身体機能測定によく使われている。測定値が大きければ大きいほど重心の移動範囲が大きく、姿勢が安定していることを示す。本研究では、測定項目のF-FRには有意な改善が認められなかったことは、お

そらく、高杉の研究と比べて、運動介入期間が1ヶ月以上少ないことが要因として考えられる。

　小田ら（2006）によると、地域が主催した「太極拳教室」に参加した50 ～ 70歳代の男女を対象に8式太極拳を1回90分間、週に1回、12週間を実施した。その結果、閉眼片足立ち、片足スクワット回数、最大1歩幅（上岡ら（2002）によって考案された健脚度テストに準じて実施。両足をそろえて立った状態から、できるだけ大きく片方の足を踏み出し、反対側の足をそろえる）、上体起こしにおいて12週目に有意な改善が認められた。閉眼片足立ちの左足と右足の変化率がそれぞれ50.6%、88.5%であったとし、片足スクワット回数では左足だけの変化率が33.6%であったと報告している。本研究では、閉眼片足立ち、上体起こしなどの項目では有意な改善が認められなかったが、片足スクワット（左足）に関しては有意な改善が認められた。変化率は19.2%となり、小田らの先行研究と比較して近い変化率が示された。本研究より多くの運動量が確保された小田らの研究と比較して、本研究では1回60分間、週に2回、先行研究と比べて短期の6週間実施することにより、総運動実施時間は短いが、片足スクワット回数に関して、8式太極拳（1回90分間、週1回、12週間）と近い運動介入効果が得られた。本研究は6週間の運動期間で運動の効果が確認されており、短期間でも運動量の確保が十分であれば、体力の改善が期待できると推察される。

　片足立ちは、中国伝統武術の中で動的なバランス能力を高めるために使われてきた基礎稽古方法である（李・李、1989）。金（2002）の研究によると、太極拳24式において片足立ちする足を交替しながら重心移動する動作の中、片足支持する時間が全体の時間の30%を占める。本研究での片足スクワット（左足）に有意な改善がみられたのは、動きの中に片足でバランスを保つ動作が多い太極拳の特徴を表した結果であると考えられる。本研究では、下肢筋力を評価する簡易なテスト方法として片足スクワットを測定項目に入れたが、今後、その評価の客観性について検討する必要があると思われる。

　金・黒澤（2006）によると、揺れる床面（Neuro Com社製イクイテストシステム）の上で研究対象者に24式太極拳を1回90分、週1回（週1回の太極拳教室での練習と週2回以上自習練習）、5ヶ月間実施した結果、10m歩行速度と立位体前屈について何も運動をしなかった対照群との間に有意な差が認められ、太極拳群の10m歩行速度は、介入前（6.61 ± 0.75秒）から介入後（5.95 ± 0.67秒）にかけて10%減少

した。立位体前屈は、介入前（6.90 ± 10.64cm）から介入後（12.33 ± 6.41cm）にかけて 78.3％増加した。本研究では、柔軟性を判断する種目として、ファンクショナルリーチと長座体前屈の測定を行った。両方とも介入前後に有意な改善が認められなかったが、本研究での歩行能力を評価する種目として、金・黒澤の 10m 歩行速度と異なる 5m の通常歩行速度の測定を行った。その結果、介入前（3.7 ± 0.5 秒）から介入後（3.0 ± 0.5 秒）にかけて 18.9％減少し、統計的に有意な改善が認められた（$p < 0.05$）。本研究は金・黒澤の研究と比較して、運動実施時間はかなり短いが、歩行能力に関しては金・黒澤の 24 式太極拳（1 回 90 分間、週 1 回、5 ヶ月間）より効果が得られた。

　本研究では、反復横とび、片足スクワット（左足）と通常歩行速度は介入前後で有意な改善がみられた。先行研究によると、太極拳はバランス能力、歩行能力、敏捷性能力に良い影響をもたらし、その能力の改善効果が報告されている（胡、2007；Lan et al., 1998；小田ら、2006；笹原・松原、2016）。本研究でも、6 週間という短期間でもその改善効果がみられたことは、おそらく、本研究の運動プログラムでは、運動内容に関して、指導者の工夫により、特に 4 ～ 6 回目の教室で足の動きを集中して指導したため、下半身の筋肉やバランス感覚に効果的な影響を及ぼしたものと考えられた。

　身体機能改善において、太極拳運動は有効な方法であると報告した先行研究が多くある。理由としては、太極拳のゆったりとした動きが筋力の向上やバランス能力の改善に効果的であることが挙げられている。Maciaszek et al.（2007）は骨量減少症もしくは骨粗鬆症の年配男性を研究対象者として太極拳運動の効果を研究し、18 週間の太極拳運動が身体バランス能力を改善し、転倒リスクを軽減させることを報告している。また、同じ太極拳でも運動スピードの変化により身体機能への効果が異なるという報告もある。このため、ゆったりとした動きでは体のバランスを改善させ、逆に、速い動きでは体を鍛える筋力トレーニングのような効果があり、これは太極拳のスピードにより筋収縮様態が異なるためであることが考えられている（大平ら、2010；Wu and Ren, 2009）。一方、3 週間の太極拳では転倒リスクの高い高齢者の平衡感覚や日常生活における転倒回数は有意に改善されなかったという報告もあり（Logghe et al., 2009）、太極拳は身体機能改善の効果には実施期間や太極拳の実施スピードがかなり影響するものと考えられる。

【結論】

　本研究では、地域の中高齢者（50 〜 70 歳）を対象に、太極拳運動を用いた 1 回当たり 60 分間、週に 2 回、6 週間にわたる健康づくり運動プログラムを実施した結果、先行研究よりもより短期間の太極拳実施期間であっても、下肢筋力と敏捷性の向上に十分効果的であることが示唆された。

Ⅲ　スラックライン

1　スラックラインとは

　スラックライン（Slackline）とは、ウェビングと呼ばれる細いベルト状の専用ラインを二点間に張り渡し、その上でバランスをとったり、歩いたり、ジャンプをしたりして楽しむスポーツである。slack とは「ゆるんだ、たるんだ」等の意味をもつことから、Slackline は「たるんだベルト」あるいは「ゆるんだベルト」となり、上下左右に揺れたり、弾んだりするスラックラインの特徴がよく表れている。一般的に簡単な紹介として「綱渡り＋トランポリン」を融合したスポーツといわれることが多い。

　その起源は定かないが、古代中国や韓国、またローマ帝国時代には、既に「綱渡り」が行われていたという説もあるようだ。近代におけるスラックラインは、1960 年代アメリカのヨセミテなどでクライマーが休養日に暇つぶしとしてワイヤーやロープ等を使ってバランスをとったりして楽しんでいたことが始まりとされており、その後バランストレーニングやパフォーマンスとして実施されるようになるとクライマーから徐々に認知度が高まったといわれている。

　2000 年代になるとヨーロッパでも盛んになり、2007 年にドイツで Gibbon 社の創業者ロバート・ケイディングが 5cm 幅のラインで簡単に設置するためのラチェットバックル式の（手動ギアでラインを巻き上げる機械）コンセプトを開発し、気軽にどこでも遊べるようにしたことでヨーロッパでの広がりが加速し、子供から大人まで幅広く楽しまれるようになった。そして、世界中で現在のフリースタイルのスラックラインが楽しまれるようになり、世界 45 カ国にて 200 万人以上の愛好者がいるといわれている。日本国内では 2009 年頃から本格的に認知され始め、日本スラックライン連盟も設立された。最近ではテレビ番組などでの露出をも増え、日本国内での認知度も高まり続けている。

スラックライン（出所：ギボン社ホームページ）

木を支柱にして設置したスラックライン

　一般的には、ラインの幅は5cmのものが多く、高さ、長さは設置場所に応じて自由に変えることができる。ラインを低く設置すれば誰でも安全に遊べ、高く設置すればトリックラインというアクロバティックな動きを楽しんだり、そのパフォーマンスを競ったりすることもできる。また、木や柱を使わずに設置できる移動式スラックラインのスラックラックという製品や手軽にラインに乗れる小型のギボードという製品もある。

　前述の通り、楽しみとしてのスラックラインは、その楽しさ、難しさ、珍しさから、子供からシニア世代まで幅広く普及しはじめている。くわえて、無理なく楽しみながらバランス感覚や体幹の筋力のトレーニングに有益であると考えられており、他競技のトレーニングや健康づくりのための運動などでも活用されることも少なくない。

　スラックラインの研究は未だ多くはないが、バランス能力に関する基礎的なものやトレーニングに応用した実践的なものが研究されている。実践的な研究については、野球、陸上、バスケットボール、ラグビー、サッカー、バレーボールなどでの取り組みの報告がある。スラックラインの効果を検討する研究の多くがバランス能力あるいは、それに関わる安定性や体幹、下肢の筋力の向上を検討するものであっ

これがスラックラックという製品

スラックラック

これがギボードという製品

ギボード

た。効果があったとする研究もあれば、明確な効果を示すことのできなかった研究
も複数あり、今後スポーツとして普及していくのに伴いさらに様々な研究が展開さ
れることが期待される。いくつかの研究から要点をまとめると3つのポイントがあ
りそうである。1つめは、少なくとも不利益になるよう影響がないということであ

心と体のバランスを楽しむスラックライン

る。効果を示すことのできなかった場合でも逆にバランス能力が低下したという研究は見当たらなかった。2つめは、バランス能力の向上に何らかの効果はありそうだが、その効果は限定的なのかもしれないということである。これは、スラックライン特有のバランスのとり方、すなわちライン上でバランスをとるという「技術」の習得であり、ライン上ではない一般的な状況におけるバランス能力に対して必ずしも影響を与えるものではないかもしれないということである。最後に、その楽しさからトレーニングへのモチベーションを惹起することができる。とくに普段とは異なる種目を実施することで日常とは異なる刺激を入れることを目的としたクロストレーニングに使用する種目として、楽しさだけでなく、メジャーなスポーツとは一線を画す特異性が有益になる可能性がある。

2　愛知東邦大学におけるスラックラインの取り組みのこれまでとこれから

　過去にも愛知東邦大学ではスラックラインのデモンストレーションなどはたびたび実施されていたようで、大学の備品としてスラックラインやスラックラックもあった。2017 年からは日本スラックライン連盟の公認インストラクターである波多野雄哉（筆者）が継続的に連携するようになった。最初の取り組みは、愛知東邦大学の大学祭「和丘祭」で人間健康学部主催のレクスポフェスティバルの 1 種目

としてブースを設けて体験やちょっとした大会などを実施し、子供から大人まで多くの参加者に好評であった。このレクスポフェスタでの体験会は2017年から2019年まで大学祭で毎年実施していた。参加者の中には、習い事として定期的に継続してやりたいという声もあり、将来的に年1回ではなく、複数回の定期開催を目指していた。そのために愛知東邦大学の学生向けの体験会なども少ない回数ではあるが実施し続けていた。そして、2019年3月に、大学祭から独立した形式でレクスポフェスタを開催予定であったがCOVID-19の流行が始まったため、多くの参加者を集めることはできず、いったん活動が休止することになってしまった。

2022年度からはCOVID-19対策に気をつけながら活動が再開され、5月には名古屋市立藤が丘小学校のグラウンドと体育館をお借りしてのスポーツチャレンジフェスティバル、11月には「和丘祭」でのレクスポフェスティバルで、スラックライン体験会を実施することができた。参加者は以前より未だ少ないものの、COVID-19の流行で失っていたスポーツ活動などの機会喪失の影響からなのか、今まで以上に習い事として定期的に継続してやりたいという声が多かった。

その一方で、2022年5月の藤が丘小学校でのスポーツチャレンジフェスティバルが好評で、その中でもスラックライン体験会はとくに人気が高かった。そこで愛知東邦大学が名東区との連携を目指した「はじめてのスポーツ体験イベント」として、スポーツ庁の令和4年度「大学スポーツ資源を活用した地域振興モデル創出支援事業」の公募に申請し、採択された。それにより、10～12月で3校の小学校の学区を対象にスポーツチャレンジフェスティバルを実施することになり、そこでスラックラインの体験ブースを催すこととなった。ここでも、またスラックラインをしたいという声は多く、2023年からは愛知東邦大学と連携し、大学生も上手に巻き込みながらスラックラインの普及を目指すこととなっている。

多くのスポーツは、力を入れ能力をはっきするものが多いため、最近の子供はとくに力みがありパフォーマンスを下げていると思われる。スラックラインはある一定のリラックスすることが大切なスポーツのため、リラックスを意識的に訓練するために効果が高いと期待している。

今後の展望は、スラックラインは競技性があるものから、親子や三世代で楽しむことができるレクリエーション要素もあるため、公園で気軽に楽しめるような感じで、私たちの生活に身近なスポーツになっていくことを期待している。

スラックラインという言葉の認知は広がりを見せているが、体験する場所や機会

藤が丘小学校で 5 月に開催されたスポーツチャレンジ
フェスティバルでのスラックライン体験ブースの様子

スラックライン大会のパフォーマンス風景

が少ない。より多くの方がスラックラインを一度は体験し体感してもらえる機会を増やすために、愛知東邦大学の学生とも連携をして、名東区や愛知県全域でスラックラインの盛んな地域へと発展させ、さらなる認知度を高め、学校教育にも取り入れられるよう、そして名東区スラックライン大会の開催も目指して普及をしたい。

【参考文献】
〈第Ⅰ節〉
木村宏輝（2008）「インド五千年の智慧―ヨーガ療法―」『心身医学』48（1）、37-44。
古宮昇（2008）「ヨガの、心身の健康効果についての文献リビュー」『大阪経大論集』59（3）、139-147。
公益財団法人長寿科学振興財団「健康長寿ネット」 https://www.tyojyu.or.jp/net/index.html（2023年1月10日参照）。
認定NPO法人日本ヨガ連盟ホームページ https://www.npo-yoga.com/（2023年1月10日参照）。
Chen, K. M., Fan, J. T., Wang, H. H., Wu, S. J., Li, C. H., and Lin, H. S.（2010）“Silver yoga exercises improved physical fitness of transitional frail eldersm,” *Nursing Research*, 59（5）, 364-370.
Oken, B. S., Zajdel, D., Kishiyama, S., Flegal, K., Dehen, C., Haas, M., Kraemer, D. F., Lawrence, J., and Leyva, J.（2006）“Randomized, controlled, six-month trial of yoga in healthy seniors: effects on cognition and quality of life,” *Alternative therapies in health and medicine*, 12（1）, 40-47.
Zhang, Y., Li, C., Zou, L., Liu, X., and Song, W.（2018）“The effects of mind-body exercise on cognitive performance in elderly: a systematic review and meta-analysis,” *International journal of environmental research and public health*, 15（12）, 2791.

〈第Ⅱ節1・2〉
中国武術研究院編（1990）『競技用規定武術―長拳・南拳・刀術・剣術・棍術・槍術―』ベースボール・マガジン社。
中国武術研究院編（1989）『競技用規定太極拳』ベースボール・マガジン社。
張成忠（1990）「簡化24式太極拳」。

〈第Ⅱ節3〉
新井武志・大渕修一・柴喜崇・島田裕之・後藤寛司・大福幸子・二見俊郎（2003）「高負荷レジスタンストレーニングを中心とした運動プログラムに対する虚弱高齢者の身体機能改善効果とそれに影響する身体・体力諸要素の検討」『理学療法学』30（7）、377-385。
大平雅子・戸田雅裕・田麗・森本兼曩（2010）「太極拳が精神的・身体的健康度に及ぼす

効果」『日本衛生学雑誌』65（4）、500-505。

小田史郎・笹田直里・曽田美佳・木津鷹・鈴木貴史（2006）「太極拳実施が中高年者の脚筋力および脚バランス、夜間睡眠に及ぼす影響」『浅井学園大学生涯学習システム学部研究紀要』6、43-50。

郭輝・牛凱軍・矢野秀典・小鴨恭子・中島絹絵・王芸・本川亮・鈴木玲子・藤田和樹・齋藤輝樹・永富良一（2007）「太極拳及びカンフー体操を取り入れた転倒予防トレーニングの体力低下高齢者の体力に及ぼす効果の検証」『体力科学』56（2）、241-256。

上岡洋晴・朴眩泰・太田美穂・武藤芳照（2002）「中高年者の転倒の実態」武藤芳照・黒柳律雄・上野勝則・太田美穂編『転倒予防教室　第 2 版』日本医事新報社、pp. 11-18。

金昌龍（2002）「太極拳の動作特性に関する生体力学的研究—バランス機能を視点にした 3 次元画像解析—」『広島大学大学院教育学研究科紀要　第二部　文化教育開発関連領域』51、443-450。

金信敬・黒澤和生（2006）「太極拳運動による地域高齢者の身体機能向上及び転倒予防に関する研究」『理学療法科学』21（3）、275-279。

胡秀英（2007）「中国帰国高齢者の身体機能および主観的健康感に及ぼす太極拳の効果—無作為割付け比較試験—」『体力科学』56（4）、409-418。

笹原千穂・松原三智子（2016）「太極拳が中高齢者の健康に及ぼす効果についての文献検討」『北海道科学大学研究紀要』42、25-31。

高杉紳一郎（2005）「太極拳の科学」『CLINICIAN』539、489-494。

竹島伸生・ロジャース マイケル編（2006）『高齢者のための地域型運動プログラムの理論と実際—自分と隣人の活力を高めるためのウエルビクスのすすめ—』ナップ、pp. 19-39。

高橋美絵・上岡洋晴（2004）「太極拳の運動特性、バランス訓練の効果とその活用に関する考察 —中高年の新たな運動プログラムの一手法として—」『身体教育医学研究』5（1）、59-66。

内閣府（2013）「健康づくりのための身体活動基準 2013」 https://www.mhlw.go.jp/stf/houdou/2r9852000002xple.html-2r9852000002xpqt.pdf（2020 年 1 月 20 日引用）。

内閣府（2019）「高齢化の現状と将来像」『令和元年版高齢社会白書』 https://www8.cao.go.jp/kourei/whitepaper/w-2019/html/zenbun/s1_1_1.html（2020 年 1 月 20 日引用）。

日本武術太極拳連盟ホームページ　http://www.jwtf.or.jp/home/index.html（2020 年 1 月 10 日引用）。

半田一登・奈良勲・堤文生（2004）「地域住民を対象としたヘルスプロモーション事業—医療機関における実践例—（特集 ヘルスプロモーション）」『理学療法ジャーナル』38（6）、463-468。

藤田英二・幸福恵吾・竹田正樹・竹島伸生（2016）「フレイルな高齢者に対するノルディックウォーキングの介入効果」『スポーツパフォーマンス研究』8、165-179。

藤田英二・竹田正樹・イスラム モハモド モニルル・竹島伸生（2018）「地域在住中高齢者での異なる歩行様式のノルディックウォーキングにおける生理的応答の比較」『体力科

学』67（6）、423-430。

李兆生・李淑珍（1989）『真元窺密』広西民族出版社、南寧、p. 36。

China National Sports Commission（1983）*Simplified Taijiquan*, Beijing, China Publications Center.

Choi, J. H., Moon, J. S. and Song, R.（2005）"Effects of Sun-style Tai Chi exercise on physical fitness and fall prevention in fall-prone older adults," *Journal of Advanced Nursing*, 51（2）, 150-157.

Hong, Y., Li, J. X., and Robinson, P. D.（2000）"Balance control, flexibility, and cardiorespiratory fitness among older Tai Chi practitioners," *British Journal of Sports Medicine*, 34（1）, 29-34.

Lan, C., Lai, J. S., Chen, S. Y., and Wong, M. K.（1998）"12-month Tai Chi training in the elderly: its effect on health fitness," *Medicine Science in Sports Exercise*, 30（3）, 345-351.

Li, F., Harmer, P., Fisher, K. J., and McAuley, E.（2004）"Tai Chi: improving functional balance and predicting subsequent falls in older persons," *Medicine Science in Sports Exercise*, 36（12）, 2046-2052.

Li, F., Harmer, P., Fisher, K. J., McAuley, E., Chaumeton, N., Eckstrom, E., and Wilson, N. L.（2005）"Tai Chi and fall reductions in older adults: a randomized controlled trial," *The Journals of Gerontology Series A：Biological Sciences and Medical Sciences*, 60（2）, 187-194.

Logghe, I. H., Zeeuwe, P. E., Verhagen, A. P., Wijnen-Sponselee, R. M., Willemsen, S. P., Bierma-Zeinstra, S. M., and Koes, B. W.（2009）"Lack of effect of Tai Chi Chuan in preventing falls in elderly people living at home: a randomized clinical trial," *Journal of the American Geriatrics Society*, 57（1）, 70-75.

Maciaszek, J., Osiński, W., Szeklicki, R., and Stemplewski, R.（2007）"Effect of Tai Chi on body balance: randomized controlled trial in men with osteopenia or osteoporosis," *The American journal of Chinese medicine*, 35（01）, 1-9.

Rikli, R. .E and Jones, C. J.（1999）"Development and validation of a functional test for community-residing older adults," *Journal of aging and physical activity*, 7（2）, 129-161.

Tse, S. K. and Bailey, D. M.（1992）"Tai chi and postural control in the well elderly," *American Journal of Occupational Therapy*, 46（4）, 295-300.

Wu, G. and Ren, X.（2009）"Speed effect of selected Tai Chi Chuan movement on leg muscle activity in young and old practitioners," *Clinical Biomechanics*, 24（5）, 415-421.

〈第Ⅲ節〉

Gibbon Slacklines ホームページ https://www.gibbon-slacklines.com/en/ （2023年1月10日参照）。

菊池雄太・砂川力也・増澤拓也（2020）「異なる体幹トレーニングがラグビー選手のバラ

ンス制御能力に与える影響―スラックラインを用いた実践的研究―』『トレーニング指導』3（1）、3-11。

木村公喜・辻聡司・寺尾恭徳（2013）「週に 1 回 6 週間の綱渡り練習がバランス因子に及ぼす影響」『理学療法科学』28（4）、543-546。

木村公喜・辻聡司・寺尾恭徳・秋山大輔・萩原悟一・松崎守利・納戸習之・藤谷順三（2016）「一過性の綱渡り練習がバランス因子に及ぼす影響」『理学療法科学』31（6）、883-886。

児玉謙太郎・山際英男（2017）「全身協調バランス・トレーニング "スラックライン" がバランス能力に及ぼす影響」『人工知能学会全国大会論文集 第 31 回（2017）』pp. 1O1OS30a2-1O1OS30a2。

近藤雄一郎・竹田唯史・中里浩介・山本敏美・細田将太郎・石田崇征・松田光史・渡部峻・田畑竜平・伊藤秀吉・中島千佳（2020）「スキー選手を対象とした体力測定とトレーニング指導に関する研究―北方圏生涯スポーツ研究センターにおける平成 30 年度の取り組みについて―」『Bulletin of the Northern Regions Lifelong Sports Research Center Hokusho University』10（43）、51。

竹田唯史・近藤雄一郎・山本敬三・吉田真・吉田昌弘・山本敏美・細田将太郎・石田崇征・松田光史・渡部峻・田畑竜平・伊藤秀吉（2019）「スキー選手を対象とした体力測定とトレーニング指導に関する研究―北方圏生涯スポーツ研究センターにおける平成 29 年度の取り組みについて―」『Bulletin of the Northern Regions Lifelong Sports Research Center Hokusho University』9（33）、39。

一般社団法人 日本スラックライン連盟ホームページ　http://jsfed.jp/（2023 年 1 月 10 日参照）。

山本洋之（2018）「スラックラインによる運動が重心動揺に与える影響」『理学療法科学』33（3）、461-466。

Donath, L., Roth, R., Zahner, L., and Faude, O. (2017) "Slackline training (balancing over narrow nylon ribbons) and balance performance: a meta-analytical review," *Sports Medicine*, 47 (6), 1075-1086.

Ringhof, Steffen, Zeeb, N., Altmann, S., Neumann, R., Woll, A., and Stein T. (2019) "Short-term slackline training improves task-specific but not general balance in female handball players," *European journal of sport science*, 19 (5), 557-566.

Santos, L., Fernandez-Rio, J., Fernandez-Garcia, B., Jakobsen, M. D., Gonzalez-Gomez, L., and Suman, O. E. (2016) "Effects of slackline training on postural control, jump performance, and myoelectrical activity in female basketball players," *The Journal of Strength & Conditioning Research*, 30 (3), 653-664.

Trecroci, A., Cavaggioni, L., Lastella, M., Broggi, M., Perri, E., Iaia, F. M., and Alberti, G. (2018) "Effects of traditional balance and slackline training on physical performance and perceived enjoyment in young soccer players," *Research in Sports Medicine*, 26 (4), 450-461.

第3章　スポーツチャレンジフェスティバルの 取り組み

中野　匡隆

I　はじめに

　以前より、健康、スポーツ、アウトドア、レクリエーションに関連した色々な体験ができることをコンセプトとした「レクスポフェスティバル」を大学祭「和丘祭」などを利用して実施してきた。また、その中の各コンテンツの単体での開催もゼミ、東邦プロジェクトBや課外活動を利用して実施してきた。

和丘祭で開催した
「レクスポフェスティバル」

「防災×アウトドア」をテーマとした東邦プロジェクトB

2022 年 5 月、名古屋市立藤が丘小学校でのスポーツチャレンジフェスティバル
（グラウンドでのモルック）

2022 年 5 月、名古屋市立藤が丘小学校でのスポーツチャレンジフェスティバル
（体育館の風景）

　この一連の取り組みは 2017 年から細々ではあるが継続的に実施されていた。将来的には、種目数などを増やし、さらに盛り上がりを見せるフェスティバルとなることを目指していた。しかし、2019 年初頭から COVID-19 の流行が始まったため、活動が停止することになってしまった。

　しかし、2022 年度からは COVID-19 対策に気をつけながら様々な活動が本格的に再開し始めたことから、関係各所と話し合い、意見交換をしながら、2022 年 5 月に名古屋市立藤が丘小学校のグラウンドと体育館をお借りしてのスポーツチャレンジフェスティバルを東邦プロジェクト B と専門演習の学生を動員して実施した。

名東区における対象となった3つの小学校と
その学区および愛知東邦大学の地理的な位置関係

　このフェスティバルは好評であったため、そこで愛知東邦大学が名東区との連携
を目指した「はじめてのスポーツ体験イベント」として、スポーツ庁の令和4年度
「大学スポーツ資源を活用した地域振興モデル創出支援事業」の公募に申請し、採
択された。それにより、既に試行した藤が丘小学校学区の他に、極楽小学校学区と
平和が丘小学校学区を加えた3校で10～12月にスポーツチャレンジフェスティ
バルを実施することになった。

Ⅱ　事業趣旨・目的

　「体力・運動能力調査」では、成人のスポーツ習慣と、小学生時に運動を楽しい
と感じていたことには強い相関が認められており「幼少期のスポーツ習慣化」の重

要性が指摘されている。一方、ここ数年のコロナ禍で中止となっていたスポーツの機会は、再開できるかどうかが危機的状況となってしまったものもある。すなわち、子供がスポーツに興味を持ち、スポーツを始めるための「初めてのスポーツ体験」の機会が失われている。特に本学の所在する名古屋市名東区においては、14歳以下の人口比率が高く、他の区以上にその課題への対応が必要とされる。これを受けて本学では、小学生のスポーツ習慣化に寄与することを目的として「初めてのスポーツ体験イベント」事業を展開する。一般的にスポーツを実施する場合、教室やクラブに所属しなければならない。その多くは体験期間が用意されているものの、スポーツの選択のタイミングで特定の集団の中に入ることは、スポーツを始めるきっかけとしてはハードルとなる。そこで第1に、教室、クラブに所属することなく、複数のスポーツを体験することを目的とした機会を大学と地域で体系的に実施する。第2に、子供の体験と同時に、「子供のスポーツ習慣化」に寄与する「親のスポーツ・健康への関心の醸成」を目的とした情報提供などを実施する。

Ⅲ　事業内容

　本学の所在する名古屋市名東区においては14歳以下の人口比率が高く、他の区以上に「子供のスポーツ習慣化」への対応が必要とされる。「スポーツ習慣化」のためには、その前段階である「（遊びを含む）初めてのスポーツ体験」で、如何に子供に「楽しいスポーツ体験」をさせるかが重要である。他方、一般的に初めて（遊びを除く）スポーツを実施する場合は、教室やクラブに参加することが多く、仮に体験期間が用意されていても、先に体験するスポーツを選択してからでなければ行動することができない。したがって、既にスポーツに興味があってスポーツをやりたいと思っている関心期・準備期の子供は良いが、無関心期の子供では、このパターンでスポーツを実施することはない。あるいは、子供の意思とは無関係に親が選択してしまうことになる。そこで、子供自身に「スポーツに興味を持たせる（無関心期→関心期）」「またスポーツしたいと思わせる（→準備期）」ことが、本事業「初めてのスポーツ体験イベント」の目的である。この「初めてのスポーツ体験イベント」では、スポーツ未経験の子供だけでなく、既に特定のスポーツを継続している子供にとっても、他のスポーツを経験する機会となる。また、大学生が中心となって体系的に実施することで、地域の負担を軽減し、若者の活気を加えるとともに

に、大学と地域が一体となってスポーツに取り組むための足掛かりとする。また、
「初めてのスポーツ体験イベント」へ子供を連れていく親の行動を促すためにも、
大学の専門性を活かして（人間健康学部）、親のスポーツ・健康への関心をひくよう
なコンテンツも用意する。

Ⅳ　実施方法

　事業実施の際は必ず、大学単独では進行せず、地域と協働で進める。内容の詳細
な検討やイベントの準備などの運営会議には必ず地域スタッフを含めるなど、協働
で実施する会議や打ち合わせの機会を意図的に設けるようにする。
　子供の行動変容を促すため、

①無関心期・関心期の子供でも参加しやすい工夫として、複数のスポーツ・遊びを
　用意し、まずは興味が惹起されるスポーツ・遊びをきっかけとして他のスポーツ
　（未知のスポーツなど）への体験のきっかけが生まれるように少しずつ体験できる
　ような環境を作る（極力、楽しさにつながる要素のみ抽出する）。
②関心期・準備期・実行期の子供がさらに行動変容ステージを進めるために、（未
　経験者による指導ではなく）経験者の大学生やインストラクターのデモンストレー
　ションや指導など、本物を見る・触れる機会を設ける。
③準備期・実行期に移行するために成功体験・楽しさを感じるようなスポーツ体験
　の内容とし、スタッフには運営委員会などの場を活用し、子供の自己肯定感を高
　められるような事前講習を実施する。

　中長期的な効果を高めるために、

①区内住民へのアンケート調査を実施し、地域の行動変容ステージ、シーズ、ニー
　ズ、バリア要因の調査、状況把握を行うとともに、今後、気軽にスポーツ・遊び
　の機会が地域内に増えるということを親や地域住民に周知するようにする（アン
　ケート内容については、子供の行動変容だけでなく、親自身の行動変容、親の子供に対
　する行動変容、地域住民の行動変容を把握する内容も含む）。
②参加者アンケート調査を実施することで、各行動変容ステージの子供の変容傾向

をつかみ、効果的なアプローチができるような情報を収集する。また、子供の行動変容のきっかけには、親が子供にスポーツの機会を提供したかどうかが重要な要因の一つとなるため、その状況などの把握のためにも、イベントに子供と一緒に参加した親へのアンケート調査も実施する。

③上記の調査内容をもとに、地域全体が（子供だけでなく親も）行動変容ステージを発展させることができるような子供向け、その親向けの事業を地域専門委員会・専門委員会で検討する。実施に当たっては、単に事業を展開するだけでなく、大学が地域の自助力を結集する機能を果たし、「自助」「共助」「公助」によるスポーツ・健康×まちづくりのモデル事業となるよう、地域と共に課題解決に向けて継続的に取り組む。

V　実施日程

「初めてのスポーツ体験イベント①」　藤が丘小学校で実施

告知パンフ配布を配布し、事前アンケート調査開始

10 月 8 日　運営委員会（イベント実施地域協力者会議）

10 月 16 日　大会実施

10 月 19 日　事後アンケート調査実施

「初めてのスポーツ体験イベント②」　極楽小学校で実施

告知パンフ配布を配布し、事前アンケート調査開始

11 月 16 日　運営委員会（イベント実施地域協力者会議）

11 月 20 日　大会実施

11 月 21 日　事後アンケート調査実施

「初めてのスポーツ体験イベント③」　平和が丘小学校実施

告知パンフ配布を配布し、事前アンケート調査開始

12 月 6 日　運営委員会（イベント実施地域協力者会議）

12 月 11 日　大会実施

12 月 12 日　事後アンケート調査実施

Ⅵ　運営委員会（イベント実施地域協力者会議）

　この事業は、真の意味で地域と大学が連携し、継続して実施していくために、愛知東邦大学と地域で一体となるよう事前の準備段階から密に連絡を取り合ったり、会議をしたりした。また、本学としては将来を見据えて、核となる学生を育てることに注力した。学生リーダーは事前準備や事前会議、イベント当日など役割を持って取り組んだ。

　以下、3校でのイベントの風景である。

事前会議の風景

学生リーダーから地域のスタッフへ説明

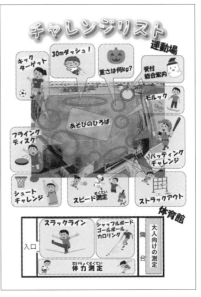

事前案内のチラシ
（平和が丘版）

イベント当日のチャレンジリスト案内
（藤が丘版）

体育館の風景（藤が丘）

ハロウィンお楽しみ企画「かぼちゃの重さを当てよう」
イベントの季節に応じて、重さを当てる物を変えたり、低学年以下、高学年、大人（中学
生以上）で重さを3段階に変えたりした。

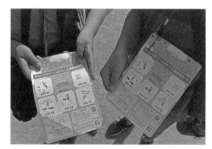

各種目にチャレンジしたら、シールが貼ってもらえるスタンプラリー
表面の5つを埋めると景品がもらえる。
たくさんの子供が裏面にもたくさんのシールを集めていた。

大学から計測機器を持ち込んでの10mごとの通過タイムも測れる30m走

左：大学から計測機器を持ち込んでのバットのスイング速度計測
右：支柱にボールを置いてのティーバッティング

ストラックアウト
開催場所や天候に合わせてグラウンドでも体育館でも実施した。

カローリング

シャッフルボード

モルック

手作りナインゴール

フライングディスク（左：本学アルティメット部の学生が担当）

左：フライングディスク（室内ではドッジビーを使用）　右：射的

竹馬と三角馬

スラックライン

シュートチャレンジ（本学男子サッカー部の学生が担当）
イベントごとに内容を少しずつ変えて実施。

ゴールボール、ブラインドサッカーの疑似体験

歩行時の姿勢の計測

教室で大人も興味を持ちそうな測定の数々を実施

大人も興味を持ちそうな測定の数々（骨密度、骨格筋量、体脂肪率、動体視力など）

子供にも大人にも大人気だった脳年齢ゲーム

体力測定（握力、垂直とび、長座体前屈）

フリースタイルリフティングのデモンストレーション（TOHO ガールズサッカークラブ）

サッカーの練習方法の紹介（男子サッカー部）

スラックラインの技のデモンストレーション（インストラクター）

ドッジボールのデモンストレーション（左：日本代表選手（本学学生））

Ⅶ　事前・事後アンケート調査結果の概要

　「初めてのスポーツ体験イベント」に対する親の意識や地域の反応、ニーズだけでなく子供のスポーツ・健康への親の関心、親自身のスポーツ・健康への関心を探り、「幼少期のスポーツ機会の創出」「子供のスポーツ習慣化」に役立てることを目的として本調査は実施された。そして、得られた知見を地域と共有し、意見交換することで地域の特徴と課題も共有し、「幼少期のスポーツ機会の創出」「子供のスポーツ習慣化」を地域と大学がともに検討することも本事業の重要な目的である。その調査結果の概要を以下に示す。

　本調査では、体育以外での運動頻度が週2日以上で6割強、週1以上で9割、さらに5割以上が体力に自信があると回答しているにもかかわらず、6割以上が運動不足を感じ、「もっとやらせたい」と現在の運動頻度に満足をしていなかった。理由の記述を見ながら考察すると、現代の子供は遊ぶ場所も機会も制限があり、ゲームやインターネット環境などICT・デジタルの急速な革新により室内で過ごす時間が伸び、そこにコロナが追い打ちをかけたと感じている親が多そうだということが推察できる。我々の地域においても「子供の運動の機会喪失」は大きな課題であることが確認できた。そのような背景から8割以上が「何らかの運動・スポーツを習慣化する取り組み」があれば運動頻度は増えると述べている。その「何らか」に求められることは多岐にわたるが、「放課後や休日などで『定期的に学校で』気軽に、色々な遊び・運動・スポーツのできる環境」をソフト面において整備することが、「子供の運動の機会喪失」の改善には最も効果的である可能性が示唆された。したがって、子供の運動の機会を増やし、習慣化につなげるためには「①定期的に参加できるスポーツクラブ」「②初心者でもレク感覚で気軽に参加できる運動の機会」「③親子で参加できる企画」についての検討をすることが良さそうである。

　イベント後アンケートでの高評価やまた参加したいという声は、十分に「前述②③の課題」にアプローチできていたことの証左であろう。また、「前述①の課題」は今まさに渦中にある部活動問題と無縁ではない。一方で、経済的・時間的・人的な負担はできる限り小さく、ゼロにしたいという考えも実際には多そうとであるということも感じられた。これは子供だけでなく、親の「運動の機会」に対してもバリア要因になっている。

　体育・スポーツの「価値」や「好き嫌い」の回答を見る限り、幼少期で「嫌い」

ということは少なく、大人になるまでの体育の授業での「劣等感」「強制感」によって「体育嫌い」になっていくことが示唆された。「親が子供の頃の体育嫌い」の数に比べ、「親の現在のスポーツ嫌い」の数の少なさは、大人になって自由に比べられることなくスポーツをできることが要因のようだ。また、子供と一緒に身体を動かすことに楽しみを感じる親が多数いることも明らかとなった。「初めてのスポーツ体験イベント」におけるコンセプトの一つでもある「子供には好きなこと・色々なことを自由に気楽に体験でき」「それを親が共有・共感する（親も一緒にやってみる・やらなくても子供がやっているところを見て楽しむ）」は、子供の「好き」を伸ばし、親の「楽しい」を同時に引き出す可能性がある事業モデルであると我々は考えている。また「大学生と小中学生の子供たちが遊びでスポーツする機会があると嬉しい。子供たちはお兄さんお姉さんに遊んでもらって、とても喜んでいた。大人との触れ合いも必要だが、お兄さんお姉さんの方が心を開きやすいのかもしれない」というアンケート記述もあったことから本事業の手ごたえを感じた。

　今回、地域と大学が密に連携して事業に取り組んだことで、地域に活気を加える若者として大学生が中心となって体系的に地域の課題解決に関わることの可能性と課題が明確になった。

事前アンケートの結果

アンケート調査の回収数

	アンケート調査の回収数	アンケート回答者のお子様の人数の合計（小学生以外を含む）	アンケート回答者のお子様の人数の合計（小学生のみ）	1年生	2年生	3年生	4年生	5年生	6年生
藤が丘	57	119	77	16	18	17	13	6	7
極楽	38	81	52	8	12	5	13	9	5
平和が丘	43	87	53	11	7	13	8	8	6
計	138	287	182	35	37	35	34	23	18

アンケート調査の対名東区および対学区に占める割合

	名東区	西山	名東	藤が丘	貴船	香流	猪高	上社	猪子石	北一社
（児童数）	9586	1317	1101	690	653	649	635	477	462	424
	100%	14%	11%	7%	7%	7%	7%	5%	5%	4%
（調査児童数）	182			77						
（対学区）				11%						
（対名東区）	1.9%			0.8%						

	極楽	高針	蓬来	前山	本郷	平和が丘	引山	豊が丘	梅森坂	牧の原
（児童数）	452	377	372	367	355	315	246	245	234	215
	5%	4%	4%	4%	4%	3%	3%	3%	2%	2%
（調査児童数）	52					53				
（対学区）	12%					17%				
（対名東区）	0.5%					0.6%				

（注）事業対象学区以外の児童数は概算です。

調査1　児童の体力と運動不足に関する意識調査

◎　お子様の体力についてどのように感じていますか？

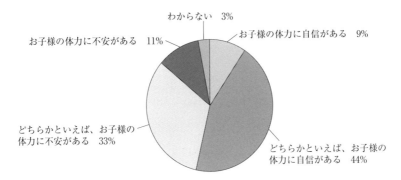

わからない　3%

お子様の体力に不安がある　11%

お子様の体力に自信がある　9%

どちらかといえば、お子様の
体力に不安がある　33%

どちらかといえば、お子様の
体力に自信がある　44%

◎　普段、お子様の運動不足を感じますか？

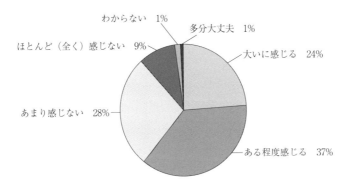

わからない　1%

多分大丈夫　1%

ほとんど（全く）感じない　9%

大いに感じる　24%

あまり感じない　28%

ある程度感じる　37%

理由　※類似のものをまとめ、その数を（　）内に示す

部活・クラブ・習い事（運動・スポーツ）などに参加している（22）、外・公園で遊ぶ・運動・スポーツをする機会がある・多い（20）、運動・スポーツをする機会がない・少ない（17）、コロナなどで部活・スポーツ行事が減少した（2）、外・公園で遊ぶ機会が減った・遊ばない（17）、外に出ない・嫌い、室内（ゲーム、YouTube、PC、タブレットなど）を好む（7）、友達が外に出てこないから（1）、親の仕事（共働き、帰りが遅いなど）の都合（3）、運動が苦手・嫌い、肥満傾向・疲れやすい・体力がない（12）、

調査2　運動・スポーツの実施頻度に関わる意識調査

◎　この1年間に<u>お子様が</u>運動やスポーツを実施した日数を全部合わせると、何日くらいになりますか？※学校の授業（体育など）や行事は除く

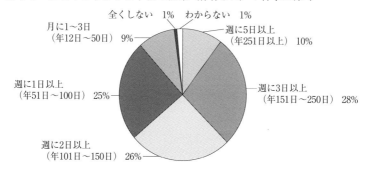

◎　<u>お子様の</u>現在の運動・スポーツの実施頻度に満足していますか？

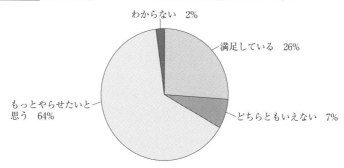

◎　お住まいの周辺地域で、何らかの運動・スポーツを習慣化する取り組みがあれば、今より<u>お子様が</u>運動・スポーツを実施する頻度は増えると思いますか？

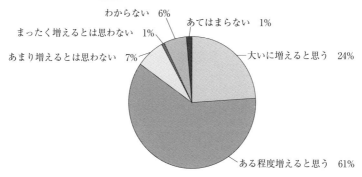

調査３　運動・スポーツの実施頻度に関わる今後の取り組みのための調査

◎　お住まいの周辺地域で、どのような取り組みがあれば、今よりお子様が運動・スポーツを実施する頻度は増えると思いますか？（自由記述、複数可）

※類似のものをまとめ、その数を（　　）内に示す

・放課後や休日に学校で気軽に遊び・運動・スポーツのできる環境（9）
・ジュニアスポーツクラブ等（種目など）の拡充（9）
・定期的に参加できる企画・教室（5）
・スポーツ教室（3）
・小学校でのイベント（3）
・興味をひく、ゲーム感覚、レク感覚の内容（4）
・自由に参加、気軽に参加できるもの（2）
・地域を巻き込んでスポーツイベントの開催（1）
・プロの方に各競技のコツなどを教えていただくようなイベント（1）
・今回のような色々なスポーツを体験できる催し（初心者でも楽しめるもの）（4）
・友達と参加できる（2）
・親子で参加できる（1）
・経済的負担が小さいもの（2）
・親が安心できる環境（1）

◎　お子様に体験させたいスポーツ等があれば教えてください。（自由記述、複数可）

差し支えなければ、その理由を教えてください。（自由記述、複数可）

・様々な種目が回答されたが、その理由に多かったものは、普段できないもの、やったことのないもの、親子でできるもの、であった。

体験させたいスポーツ	理由
水泳	中学でも必須のため
水泳、バトントワリング	バトントワリングは姿勢も良くなる
ラグビー、テニス	親が経験者だから
ジョギング、バドミントン、スケート	

野球	ルールを知れば、プロ野球にも興味がわきそう
チームスポーツ	協調性を養いたい
水泳	学校の授業だけでは、泳げるようにならなさそうなので
バスケ、バドミントン、テニス	バスケは本人が興味があるが、中学校部活の種目にない。バドミントンは今クラブでやっている。
トランポリン	本人は習いたいと言っているが、近くに習える施設がないため
卓球、陸上、体操、テニス、サッカー、野球、バドミントン、ダンス、水泳、空手	
球技全般	球技に触れられる場所の減少
トレイルラン、カヌー、トライアスロン、空手、柔道、エアロビクス、アーチェリー	小学生も参加できる大会が少ない。身近に始められるきっかけがないため。
ダンス	リズム感強化と全身運動を兼ねているから
空手、テニス、ボルダリング、スケートボード、竹馬	体育でやらないもの。設備、道具が必要なもの。親が教えることが出来ないもの。
まんべんなく、広く。体操	いろいろな可能性と、全身をバランスを鍛えられた方がいい
卓球	土曜にトワイライトで室内で簡易の卓球遊びをさせてもらった時に興味を持ったようです。
野球、テニス	子どもがやりたがっている
バスケットボール、ソフトボール	自分がプレイして楽しい
水泳	運動不足だから
バスケットボール	興味を持ち始めたから
今回のように知らないスポーツに触れさせたい	知る機会が無いから
ラグビー、バトン	習い事としてあまり見かけないけど、子どもがやりたいそうだから
サッカー	ボール一つで球技を体験させる事ができる
バスケットボール（姉）	本人が興味があり、部活に入っていて週末もみんなでできる環境があればいいのにと言っているので。バスケットゴールのある公園が限られていて約束して集合するものの、激戦で気軽に遊べないともらしており、週末など小学校の体育館が空いていたら練習したいとのことで。
テニス	
勝ち負けのあるスポーツ。	勝ち負けを経験することで、努力することや一生懸命やることを見つけて欲しいので。
バスケットボール	自分がやっていたから。
空手、少林寺拳法、キックボクシング、テコンドーなどの武道	親子で取り組みたいし、身体・心ともに鍛えられるから
野球、フェンシング	家庭では体験できないので。

スキューバダイビング	魚が好きだから
体操（跳び箱、鉄棒、マット運動）、など	親がなかなか教えることができない為
体操教室	逆上がりができない
わからない	本人のやる気しだい
ダンス	
団体競技	協調性を学び、色々なことを経験してほしい。
バスケットボール	将来、体格がよくなることを期待して。
サッカー	チームスポーツだから
総合的なスポーツ	いろいろ体験させたい
テニス	
バドミントン	あまりやったことがない。
子どもがやりたいと思えるものであれば何でも。	自分が好きでないと続かないし、楽しむためのものだと思うから。
なんでも	とにかく動かせたい
スポーツの基本となる運動が良いと思います。体幹が鍛えられるものなどが良かったと感じました。	昔はあたり前のように竹馬や追いかけっこをして体力やバランスが鍛えられましたが、今の子供たちは体育の授業だけでは、運動する機会がたりないので、どのスポーツをするにも基本練習が足りないと感じました。
水泳	2年間授業がなく、泳げないから。
水泳	全身運動になるし、呼吸機能が鍛えられると思うから
バスケ、卓球	
サッカー、野球、バスケ、陸上競技、ダンス	色々な経験を得て選択肢を広げたいから
野球、空手、バスケ	やったことがないから。基礎体力や基本姿勢が習得できそう。
バスケ	子どもが興味がある
タグラグビー、サッカー、ボッチャ、スポーツゴミ拾い	仲間と協力する力がつく。健康の基本である足腰の力がつく。外で行うことで、太陽の光を浴び、視力の低下を防ぐことができる。道具があまり必要で無い。ボッチャについては、障がいのある人も含めて皆で行うことができる。スポーツゴミ拾いは、街をきれいにする事もできるし、自治を学ぶこともできる。
野球、バスケなど。	やったことのないスポーツだから。
体操、団体スポーツ（バレー、バスケ等）	体操は、家で見守るには親に知識がないから。団体スポーツは友達と協力しながら体を動かす楽しさを知ってほしいから。
パルクール	YouTubeでよく見ているから
テニス、バドミントン、フェンシング、卓球	中学の部活で種目がないから
親ではできないような、スキーとか、スノボ、ロッククライミング	親では連れて行けないような
バスケ、スポーツ鬼ごっこ	やらせたいが、近くに環境がない

体操、バトミントン	球技やダンスが苦手なので、苦手な中でも、バランス感覚や距離感など鍛えられそうだから。
走る	子供がやりたいといったから。
バレーボール	以前ほど学校等でもやってないないので。 声を掛け合ってチーム競技なので。
陸上	走るのが得意だから伸ばしたい
サッカーやバスケなどの自由参加練習	
陸上競技	部活に入らないと機会がなさそうだから
バスケットボール、バトミントン	低学年むけにあまりない
スケートボード	今興味はあるけどまだまだできる場所や、教室が少ない
ソフトボール、陸上	
陸上	走り方が変
スラックライン	体幹を鍛えさせたいから
剣道、陸上等	サッカー、バスケ、スイミングは部活と習い事をしている。が、基本的な走り方等ができていないように感じる為。
サッカー	

◎　<u>保護者様ご自身が</u>体験したいスポーツ等があれば教えてください。（自由記述、複数可）

　　差し支えなければ、その理由を教えてください。（自由記述、複数可）

　・様々な種目が回答され、その理由はシンプルにやってみたい、やったことがある、できそうだから、というものが多く、親子でできるもの、という回答もあった。

体験したいスポーツ	理由
古武術　水泳	老後に備えて
スキー	雪山好きだから！
なし。	運動（スポーツ競技）全般が苦手なので、大変申し訳ないのですがやりたいと思えない。
登山	
バドミントン、卓球、水泳、テニス	健康のために
バドミントン	好きだから
バドミントン、テニス	
テニス	体をたくさん動かす

水泳	子供と同じスポーツをすることで共有できる体験が増えると考えて
プール	気持ちよく体を動かせそう
一輪車、竹馬	懐かしいから
	普段、体験出来ないもの
負荷が少ないスポーツ。ヨガやウォーキングなど。	歳をとってスポーツをしたいと思っても、体力に自信がありません。でも体は動かしたいです。
水泳	子どものころにやっていて好きだから
サッカー	過去やっていた
テニス	昔やってたので
スラックライン	テレビで見て面白そうだと思っているから
テニス	両親が年を取ってからも楽しそうに続けているので。
バスケ、ダンス	昔やっていても、大人になるとやる機会がない。習い事でやることもできるが、費用面や時間帯などを考えるとできないものもある。子供中心となってしまうので。
空手、少林寺拳法、キックボクシング、テコンドーなどの武道	親子で身体を鍛えたいから。
アジリティ	犬を飼っているから。
水泳、テニス	
テニス	子供が習ってるから
ヨガ	
モルック	できそうだから
ヨガ	肩がこるから
ウルトラマラソン	身体を鍛えたい
バスケ	やっていたから
テニス	した事がない
テニス	昔やっていたがやめてしまったので。
サッカー	楽しいから
フェンシングや、柔道を体験してみたいです。	オリンピック競技が体験できれば応援にもより力が入るのではないかと思います。
バドミントン、卓球	室内でできる。
テニス	若い頃やっていたから
フライングディスク、ダンス	子供と一緒に楽しめそう
筋トレ	筋力が落ちてるから
怪我をしないスポーツが何かあれば	運動不足
モルック	計算をすることで頭の体操にもなるため。
ゴルフ	お金はかかりそうだが、手軽にできそうだから。

なし	運動が苦手
バドミントン、ゴルフ	
ヨガ、ピラティス、ボルダリング	運動不足でもチャレンジできそうだから。
「メリークリスマス　何グラムでしょう？」がやりたい	それしか参加できるものがないから。
スイミング	経験があるから
テニス	学生時代やっていたから
バドミントン　テニス	
ヨガ	健康のため
特になし。	子供達の為に行くので。
体力測定	運動不足
ヨガ、ピラティス	無理なく運動できるから
モルック	キャンプとかでやりたい
スラックライン	興味があるから
ヨガ、ストレッチ	体を動かす機会が減ったのと、デスクワークが多い為肩や腰が痛い
サッカー	

調査4　運動・スポーツの費用に関わる調査

◎　お子様が実施する運動・スポーツのために1年間にいくら程度費用をかけて
　　いますか・かけることができますか？

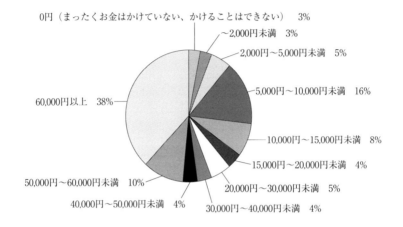

調査5　運動・スポーツの実施頻度に関わる実施状況と今後の予定の調査

◎　お子様の学校での体育などの授業や行事以外での運動・スポーツの実施状況
と今後の予定について教えてください。

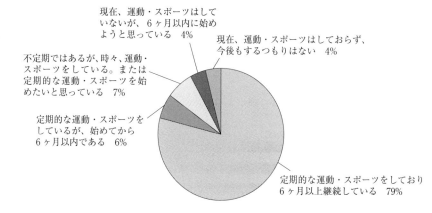

現在、運動・スポーツはして
いないが、6ヶ月以内に始め
ようと思っている　4%

現在、運動・スポーツはしておらず、
今後もするつもりはない　4%

不定期ではあるが、時々、運動・
スポーツをしている。または
定期的な運動・スポーツを始
めたいと思っている　7%

定期的な運動・スポーツを
しているが、始めてから
6ヶ月以内である　6%

定期的な運動・スポーツをしており
6ヶ月以上継続している　79%

◎　保護者様ご自身の運動・スポーツ実施状況と今後の予定について教えてくだ
さい。

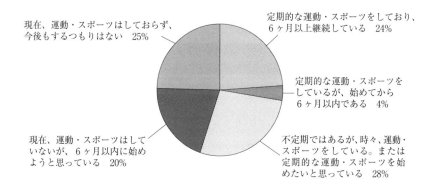

現在、運動・スポーツはしておらず、
今後もするつもりはない　25%

定期的な運動・スポーツをしており、
6ヶ月以上継続している　24%

定期的な運動・スポーツを
しているが、始めてから
6ヶ月以内である　4%

現在、運動・スポーツはして
いないが、6ヶ月以内に始め
ようと思っている　20%

不定期ではあるが、時々、運動・
スポーツをしている。または
定期的な運動・スポーツを始
めたいと思っている　28%

◎ お子様が、定期的に継続している、または、始めたいと思っている運動・スポーツを教えてください。（自由記述、複数可）

- 水泳（51）
- サッカー（19）
- 陸上（12）
- 体操（11）
- テニス（10）
- バスケットボール（9）
- 野球（6）
- ダンス（6）
- バドミントン（5）
- バレエ（4）
- 卓球（2）
- 空手（2）
- ソフトテニス（1）
- 新体操（1）
- 器械体操（1）
- チアダンス（1）
- フラダンス（1）
- 合気道（1）
- 剣道（1）
- スポーツ鬼ごっこ（1）

◎ 保護者様ご自身が、定期的に継続している、または、始めたいと思っている運動・スポーツを教えてください。（自由記述、複数可）

- ヨガ・ピラティス等（21）
- ウォーキング・ジョギング等（20）
- テニス（7）
- 水泳（5）
- 筋トレ（5）
- ゴルフ（2）
- サッカー（2）
- バドミントン（2）
- 卓球（2）
- 陸上（2）
- アイスホッケー（1）
- スノーボード（1）
- ソフトボール（1）
- バスケットボール（1）
- バレエ（1）
- バレーボール（1）
- リングフィットアドベンチャー（1）

調査6　体育またはスポーツそれぞれの好き嫌いに関わる意識調査

◎　お子様は「体育（学校の授業など）」が好きですか？　嫌いですか？

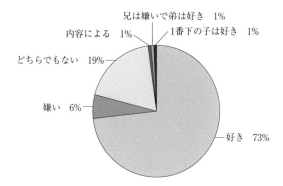

◎　お子様は「スポーツ（体育などを除く）」が好きですか？　嫌いですか？

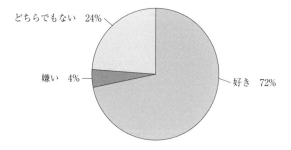

◎　保護者様ご自身は、自分が子どもの頃、「体育（学校の授業など）」が好きで
したか？　嫌いでしたか？

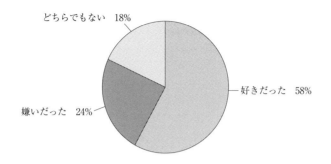

理由　※類似の回答数を（　）内に示す
　・スポーツが得意、好き、楽しいから（31）
　・バレーボールをしていたから（2）
　・親が好きだったから（1）
　・友達と共に盛り上がれるから（1）
　・運動・体育が苦手、嫌い、楽しくない（31）
　・種目が選べない、苦手種目があった（11）
　・競う、比べられることが嫌い（4）
　・体育の先生が嫌いだった（1）

◎　保護者様ご自身は、現在、「スポーツ（体育などを除く）」が好きですか？　嫌いですか？

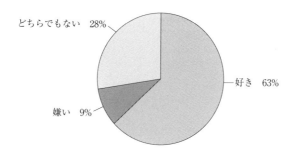

理由　※類似の回答数を（　）内に示す

・気持ちが良い、すっきりする（9）

・健康・体力維持のため（4）

・やりたいスポーツが自分のペースでやれる（4）

・子どもと一緒に楽しめるから（5）

・身体を動かすことが苦手・体力がない、嫌い、動きたくない（7）

・見るのは好き（2）

・時間がない（2）

・怪我が怖い（1）

調査 7　スポーツチャレンジフェスティバルに関わる事前調査

◎　お子様は、このイベントに参加したいと言っていますか？

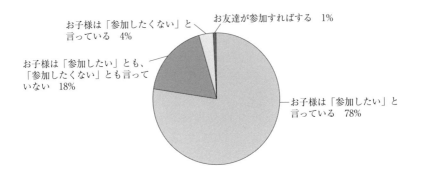

お子様は「参加したくない」と言っている　4%

お友達が参加すればする　1%

お子様は「参加したい」とも、「参加したくない」とも言っていない　18%

お子様は「参加したい」と言っている　78%

理由　※類似の回答数を（　　）内に示す

・楽しそう、楽しめそう（31）

・友達がいるから（14）

・色々な体験（普段できない種目など）ができる（9）

・体を動かす、スポーツが好き（6）

・親の誘い（2）

・本人から参加意思を表明（1）

・体力が知りたい（1）

・予定・距離など条件があわない（3）

・友達と一緒に参加できなかったから（2）

・1人では行きたくない（1）

・どちらでもよい（1）

・興味がない（1）

・コロナ渦になって以来

・イベントや行事に積極性が無くなったから（1）

・ゲーム三昧（1）

◎　保護者様は、お子様をこのイベントに参加させたいと思いますか？

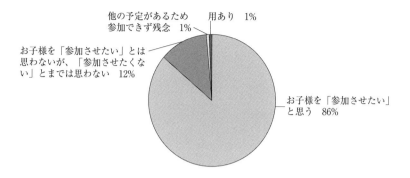

他の予定があるため
参加できず残念　1%

用あり　1%

お子様を「参加させたい」とは
思わないが、「参加させたくな
い」とまでは思わない　12%

お子様を「参加させたい」
と思う　86%

理由　※類似の回答数を（　）内に示す

・楽しそう・楽しんでほしい（24）

・色々な体験（普段できない種目など）ができる・させたい（21）

・身体を動かす機会（13）

・こどもの意思を尊重（10）

・小学校（地域）の開催だから参加しやすい（6）

・友達と一緒に参加できる（2）

・子供だけでも参加できるから子供との距離が近づく（1）

・一緒に楽しめそう（1）

・無料だから（1）

・予定・距離など条件があわない（3）

◎ 　保護者様ご自身は、イベントに参加したいと思いますか。

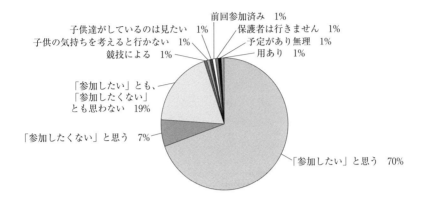

理由　※類似の回答数を（　）内に示す

・親子で参加できる（15）

・こどものため（13）

・楽しそう（12）

・身体を動かす機会（4）

・色々な体験（普段できない種目など）ができる（3）

・地域のイベントだから（1）

・スポーツに興味のある人たちが集まる場所に行くことで元気がもらえる（1）

・運動ができない・したくない（3）

・こどもが親よりも友達と参加したいといっているから（1）

調査8　スポーツ・健康に関わる取り組みに関するニーズ調査

◎　今回のようなスポーツチャレンジフェスティバルに限らず、お住まい周辺の地域で「スポーツ」「健康」などについて、どのようなイベントや取り組みがあってほしいと思いますか？（自由記述）※類似のもの数数は省略

・水泳、水難救助、護身術、呼吸法などの講習
・地域の集まり
・子どもだけで参加しやすいイベント
・世代間の交流ができるイベント
・気軽に参加できるスポーツ
・地域のスポーツイベント
・定期的なイベント
・平日夜に親子一緒に通える教室
・姿勢を良くするような取り組み
・親子で参加できるイベント
・テニス大会
・体育で体験出来ないスポーツを体験できるイベント
・スポーツ観戦
・お年寄りから小さい子までみんなで楽しめるウォーキング大会
・マラソン大会、どの世代も参加できるイベント
・愛知東邦大学や高校の学生、生徒、小中学生の子どもたちが遊びでスポーツする機会
・今回のような色々な楽しいスポーツが体験できるイベント企画
・学校等の開放で、広い場所で適度な指導のもと体を動かすイベント

調査９　スポーツの価値に関する意識調査

◎　スポーツが個人や社会にもたらす効果について、<u>保護者様が</u>、あてはまると
　思うものはどれですか？（複数可）

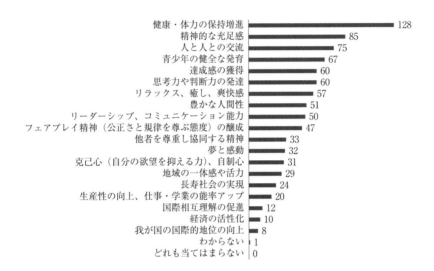

項目	値
健康・体力の保持増進	128
精神的な充足感	85
人と人との交流	75
青少年の健全な発育	67
達成感の獲得	60
思考力や判断力の発達	60
リラックス、癒し、爽快感	57
豊かな人間性	51
リーダーシップ、コミュニケーション能力	50
フェアプレイ精神（公正さと規律を尊ぶ態度）の醸成	47
他者を尊重し協同する精神	33
夢と感動	32
克己心（自分の欲望を抑える力）、自制心	31
地域の一体感や活力	29
長寿社会の実現	24
生産性の向上、仕事・学業の能率アップ	20
国際相互理解の促進	12
経済の活性化	10
我が国の国際的地位の向上	8
わからない	1
どれも当てはまらない	0

◎　<u>保護者様が</u>　お子様にスポーツがもたらす効果として、期待するものはどれ
　ですか？（複数可）

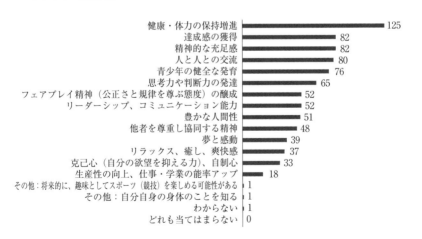

項目	値
健康・体力の保持増進	125
達成感の獲得	82
精神的な充足感	82
人と人との交流	80
青少年の健全な発育	76
思考力や判断力の発達	65
フェアプレイ精神（公正さと規律を尊ぶ態度）の醸成	52
リーダーシップ、コミュニケーション能力	52
豊かな人間性	51
他者を尊重し協同する精神	48
夢と感動	39
リラックス、癒し、爽快感	37
克己心（自分の欲望を抑える力）、自制心	33
生産性の向上、仕事・学業の能率アップ	18
その他：将来的に、趣味としてスポーツ（競技）を楽しめる可能性がある	1
その他：自分自身の身体のことを知る	1
わからない	1
どれも当てはまらない	0

◎　保護者様から見て、お子様にとって運動・スポーツは大切なものですか？

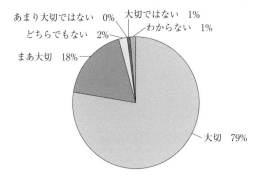

◎　保護者様ご自身にとって運動・スポーツは大切なものですか？

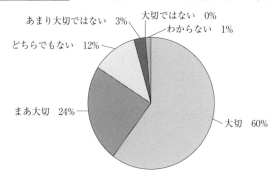

◎　保護者様のお考えにかかわらず　お子様自身は運動・スポーツをどのように思っているのでしょうか？

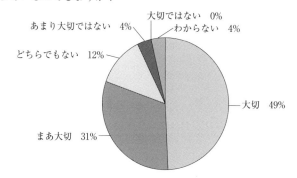

事後アンケート調査結果

アンケート回収数 136 件

質問1 「2022 スポーツチャレンジフェスティバル」に参加しましたか？

	合計	参加合計	お子様だけ参加した。	お子様と保護者様で一緒に参加した。	参加していない。
藤が丘	49	30	4	26	19
極楽	51	27	9	18	24
平和が丘	36	21	4	17	15
計	136	78	17	61	58

アンケート調査の対名東区および対学区に占める割合

	名東区	西山	名東	藤が丘	貴船	香流	猪高	上社	猪子石	北一社
(児童数)	9586	1317	1101	690	653	649	635	477	462	424
	100%	14%	11%	7%	7%	7%	7%	5%	5%	4%
(調査児童数)	136			49						
(対学区)				7%						
(対名東区)	1.4%			0.5%						

	極楽	高針	蓬来	前山	本郷	平和が丘	引山	豊が丘	梅森坂	牧の原
(児童数)	452	377	372	367	355	315	246	245	234	215
	5%	4%	4%	4%	4%	3%	3%	3%	2%	2%
(調査児童数)	51					36				
(対学区)	11%					11%				
(対名東区)	0.5%					0.4%				

(注) 事業対象学区以外の児童数は概算です。

質問2　参加・不参加の理由
・面白そう・楽しそう・興味がある
・親子で一緒に楽しみたかったので
・子供が行きたいと言ったから
・参加しやすかったから
・友達と参加できたから
・子供だけで参加できたから
・行きたいと思えなかったから
・子供が行きたくないと言ったから
・体調不良、予定が合わなかった

質問3　どのような内容であれば参加する可能性が高くなるか？

- ・子どもの興味があるもの
- ・競技
- ・お友達と参加できる
- ・スポーツが苦手な人でも楽しめる
- ・ゲーム感覚
- ・親子で楽しめる内容
- ・子どもの興味があるもの
- ・サッカー関連のイベント
- ・もっとご近所やお友達と仲良くなれば
- ・土曜日開催、楽しく友達と遊べる企画
- ・予定が合えば
- ・小学生以下も参加できれば
- ・発達障害がある子でも楽しめる
- ・有名なスポーツ選手が参加
- ・小学生以下と保護者でも参加出来れば

質問4　今回のイベントの評価とその理由

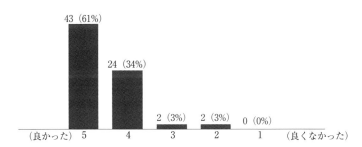

（良かった）5　　4　　3　　2　　1　（良くなかった）

43（61%）　24（34%）　2（3%）　2（3%）　0（0%）

【評価5の理由】

- ・楽しめた（25）
- ・親子で楽しめた（6）
- ・友達と楽しめた・新しい友達ができた（2）
- ・スタッフが良かった（3）

・普段できない（色々な）スポーツ・体験ができた（13）

・子どもの得意、不得意をみることができた

・従来のスポーツフェスタではスポーツが苦手な子は遠慮してしまう部分がありましたが、今回は低学年から大人まで楽しめました！

・ドッジボール日本代表の大学生がきてくれてよかった

・初めてのスポーツを体験ができた（2）

【評価4の理由】

・楽しめた（8）

・親子で楽しめた（3）

・普段できない（色々な）スポーツ・体験ができた（6）

・スムーズに回る事ができた

・学生によるスポーツのデモンストレーション（特にドッジボール）がとても良かった

・混雑・密・待ち時間が長い・1人ずつしかできないものが多い（4）

・天候の影響で、運動場と体育館のアクティビティ数のバランスが悪かった（3）

【評価3の理由】

・内容はとても楽しかったが、学生の対応が悪かった

・内容はよかったが、時間の制約がありゆっくりできなかった

【評価2の理由】

・いろいろあって楽しかったけどそれぞれの体験時間が少ない

・子供と共に楽しめたので

質問5　今回のアクティビティの良かった、良くなかったとその理由

良かったアクティビティ	理由
モルック、竹馬、体力測定、射的、綱渡りみたいなやつ	初めてやるやつも、昔からのアクティブも、親子で、楽しく回れてよかった
スタンプラリー	
竹馬 スイングスピード モルック スラックライン 射的	普段、体験することが出来ないのでとても楽しかった！
バスケット、竹馬	楽しかった
スラックライン	体幹が鍛えられそうだから。
モルック	子どもが楽しそうにやっていたから
竹馬等昔の遊びや、平均台のような遊び	全身を使う運動だから
射的　スラックライン	子どもが夢中になっていたから
射的	楽しかったから
握力測定 竹馬 筋肉量測定 脳年齢測定	いつもならやれないような事ができ、とても嬉しかった。
スイングスピード	普段使えない機械を使って測ってもらえて喜んでいたから。
全部楽しかったようです	
どれも良かった	基本の動作の投げる、蹴るや体験した事の無いスポーツもチャレンジできたから
親は体脂肪などが測れるのが良かった。	
シュートチャレンジ	たくさん入ったから
バットをふるやつがたのしかった	しょうぶがたのしかったから
カーリングや射的やゴムの上でバランスをとるゲーム	あまりやる機会も少ないので、やってみて楽しかったです。
スピード測定　スラックライン	なかなか、できないから
スラックライン	初めて体験して楽しかったから
射的	成功したら
ストラックアウト、30m走、カーリングなどの珍しいスポーツ	子どもたちが新しいものにチャレンジできた
カロリング、測定	日頃体験できないので
キックターゲット	サッカーをやっているから
30メートル走	娘が一番楽しかったと言ってました。学校ではタイムを測ったことがないのか、タイムを測ってもらったのが嬉しかったようです
モルック	子供が楽しんでいた

良くなかったアクティビティ	理由
コンピューターを利用して実施するもの	一台ずつしかなく、混雑しており、時間内にやりたいアクティビティをできなかった。
血管診断	午後の回では、時間が足りなくてやりたかったけど無理だったから
体力検査	スムーズに体験出来なかった
脳年齢	測りたかったけど、高学年の子がしててできなかったのが残念でした。
おもちゃの射的？	子どもは興味あったが、今回時間が限られていたので、この会でやらなくてもいいかな？とおもった
子供は全部面白かったと言っています。	
射的	とても楽しかったのですが、もっと体を動かすほうがいいと思いました
歩行のフォーム確認	興味はありましたが、説明がわかりづらかったので、パネル表示等で表示があっても良かったのかなと思います。
スラックライン	おちたらけがをするから
30m 走	低学年にはやり方が難しそうだった
体育館内のアクティビティ	対応してくれる人が少なくて、係の人を探したり待ったりする時間が多くあったから
モルック	前回ルールが飲み込めないまま体験して楽しさがわからなかったので今回参加する気が起きなかった
特にない。	どれもよかった。
30 メートル	機器が不調で大変そう。30 メートル後の 1 本だけでも楽しそうです。
ない	ぜんぶ楽しかったから。
特になし	全て楽しかったそうです

質問6　スポーツチャレンジフェスティバルの感想（抜粋）

・とても楽しませていただきました♪

・毎年／定期的に開催してほしい・来年も再来年も／また参加したい。

・こういった取り組みをたくさんやって欲しい。

・子ども達にスポーツへの興味を持たせるという意味では、緩さ加減がちょうど良かったかと思います（祭りの夜店的な感じで）。

・開催の時間帯や時間の長さ・順番待ち・混雑を工夫・改善してほしい。

・平日に仕事がある保護者さんも多いので、学校に入って雰囲気を感じたり、子供も親に自分の日頃の活動場所をみてもらえるのはよい機会だったと感じた。

・日頃、触れ合えないスポーツも多く、子供の視野が広がるよいイベントだった

　　と思う。
・自分の記録と同年代の平均値が比べられるようにしてほしい。
・スラックラインはなかなかできる機会がなく、本人の隠れた得意分野に気づく
　ことができてとても楽しかったみたいです。市内で他にスラックラインのでき
　る施設があったので、行ってみることにしました。色々と少しずつチャレンジ
　できる機会はとてもありがたいです。
・通っている小学校が会場だったのも気軽に参加できて良かったです。
・3 歳の弟から小学生の娘、夫婦共に家族皆で楽しめるイベントでした。
・スポーツの習い事を以前していましたが、自由にやりたいとの理由で辞めてし
　まいました。体を動かすことは好きなので、楽しいという体験を積ませたいで
　す。
・学生の皆さんもスタッフの皆さんも子ども達に優しく接していただき楽しく過
　ごすことができました。
・大学生のお兄さん、お姉さんが、専門分野の観点から、コツを分かりやすく教
　えてくださったので、こどもの一歩成長にもなりました。
・親子で参加できるスポーツイベントはとても貴重で、学生さんも指導してくれ
　て、スポーツマンと接する機会はないので有り難いです。
・成功体験をつめば子供もスポーツが好きになるかもしれないです。
・大人が参加できるのかできないのかわかりやすい工夫をしてほしい。
・地域で、スポーツに親しむ意味があるのかどうか。体育委員をしていた場合、
　土日に駆り出される事もあり、家族での時間を犠牲にしてまで、他人の為に貴
　重な時間を拘束されるのは、忙しい現代にそぐわないと思います。
・親子でスポーツを楽しむなら、個々で体験したいです。普段仕事で子供との時
　間があまりないので、土日こそ家族だけで過ごしたいです。
・学生の皆さんは来てくれるのであればもっと自分の役割に徹して頂きたい。で
　きなければいない方がいい。
・こういった親子で楽しめるイベントが近所の学校等で定期的にあるといいと思
　います。

あとがき

　我々は過去に、主に地域のシニアを対象とした健康づくりに取り組んできた。しかし、単に健康のための体力づくりだけでは、活力ある地域にするための地域貢献としてはインパクトが弱いことも見えてきた。そこで現在では活力ある地域を目指し、子供からシニアまで幅広く、健康のためだけでなく、いきがいとして楽しみながら身体を動かすことのできる地域づくりを目指している。新型コロナウイルス感染症の流行によって、一時は活動が停止しまったが、再スタートし実施できた活動のなかに将来性を見ることができた。近年、部活動の地域移行、コロナによる運動不足、運動の機会の減少、防災、様々な活動団体での人手不足など地域の抱える課題は数多くある。しかし、地域としてもマンパワーが足りないことは明らかである。さらに、本学も小規模大学であるがゆえに強力なマンパワーはもたない。したがって、大学と地域の連携では、お互い歩み寄りそれぞれができることを見つめなおし、密に意見交換をして効率よく課題に取り組んでいくためのチームワークが大事ともいえる。それによって、健康・スポーツ、種々の地域課題を単体で取り組むのではなく、例えば、「大学スポーツ×地域防災」などコラボレーションによって同時に解決できるような方法を模索することができる。

　まえがきでも述べたように、「地域に深く根を下した大学、よりどころは活力ある地域づくり」を掲げた小規模大学である愛知東邦大学がこれから取り組むべきことは、様々な地域課題に一緒になって覚悟をもって活動を続けていくことである。これは教職員・学生が一丸となってすべきことであると考えている。その考えに従って、いきがいのある地域をつくるために「スポーツ・健康×まちづくり」すなわち地域創造の活動を継続していきたい。

　2023 年 3 月

　　　　　　　　　　　　　　　　　　　　　　　　　　　中野　匡隆

愛知東邦大学　地域創造研究所

　愛知東邦大学地域創造研究所は2007年4月1日から、2002年10月に発足した東邦学園大学地域ビジネス研究所を改称・継承した研究機関である。

　地域ビジネス研究所設立当時は、単科大学（経営学部 地域ビジネス学科）附属の研究機関であったが、大学名称変更ならびに2学部3学科体制（経営学部 地域ビジネス学科、人間学部 人間健康学科・子ども発達学科）への発展に伴って、新しい研究分野を包括する名称へと変更した。

　現在では、3学部4学科体制（経営学部 地域ビジネス学科・国際ビジネス学科、人間健康学部 人間健康学科、教育学部 子ども発達学科）となり、さらに研究・教育のフィールドを広げ、より一層多様な形で地域発展に寄与しようとしている。

　当研究所では、研究所設立記念出版物のほか、年2冊のペースで「地域創造研究叢書（旧 地域ビジネス研究叢書）」を編集しており、創立以来、下記の内容をいずれも唯学書房から出版してきた。

・『地域ビジネス学を創る――地域の未来はまちおこしから』（2003年）

地域ビジネス研究叢書

・No.1『地場産業とまちづくりを考える』（2003年）

・No.2『近代産業勃興期の中部経済』（2004年）

・No.3『有松・鳴海絞りと有松のまちづくり』（2005年）

・No.4『むらおこし・まちおこしを考える』（2005年）

・No.5『地域づくりの実例から学ぶ』（2006年）

・No.6『碧南市大浜地区の歴史とくらし――「歩いて暮らせるまち」をめざして』（2007年）

・No.7『700人の村の挑戦――長野県売木のむらおこし』（2007年）

地域創造研究叢書

・No.8『地域医療再生への医師たちの闘い』（2008年）

・No.9『地方都市のまちづくり――キーマンたちの奮闘』（2008年）

・No.10『「子育ち」環境を創りだす』（2008年）

・No.11『地域医療改善の課題』（2009年）

- No.12『ニュースポーツの面白さと楽しみ方へのチャレンジ——スポーツ輪投げ「クロリティー」による地域活動に関する研究』（2009 年）
- No.13『戦時下の中部産業と東邦商業学校——下出義雄の役割』（2010 年）
- No.14『住民参加のまちづくり』（2010 年）
- No.15『学士力を保証するための学生支援——組織的取り組みに向けて』（2011 年）
- No.16『江戸時代の教育を現代に生かす』（2012 年）
- No.17『超高齢社会における認知症予防と運動習慣への挑戦——高齢者を対象としたクロリティー活動の効果に関する研究』（2012 年）
- No.18『中部における福澤桃介らの事業とその時代』（2012 年）
- No.19『東日本大震災と被災者支援活動』（2013 年）
- No.20『人が人らしく生きるために——人権について考える』（2013 年）
- No.21『ならぬことはならぬ——江戸時代後期の教育を中心として』（2014 年）
- No.22『学生の「力」をのばす大学教育——その試みと葛藤』（2014 年）
- No.23『東日本大震災被災者体験記』（2015 年）
- No.24『スポーツツーリズムの可能性を探る——新しい生涯スポーツ社会への実現に向けて』（2015 年）
- No.25『ことばでつなぐ子どもの世界』（2016 年）
- No.26『子どもの心に寄り添う——今を生きる子どもたちの理解と支援』（2016 年）
- No.27『長寿社会を生きる——地域の健康づくりをめざして』（2017 年）
- No.28『下出民義父子の事業と文化活動』（2017 年）
- No.29『下出義雄の社会的活動とその背景』（2018 年）
- No.30『教員と保育士の養成における「サービス・ラーニング」の実践研究』（2018 年）
- No.31『地域が求める人材』（2019 年）
- No.32『高齢社会の健康と福祉のエッセンス』（2019 年）
- No.33『持続可能なスポーツツーリズムへの挑戦』（2020 年）
- No.34『高齢者の保健・福祉・医療のパイオニア』（2020 年）
- No.35『少子高齢社会のヒューマンサービス』（2022 年）

　当研究所ではこの間、愛知県碧南市や同旧足助町（現豊田市）、長野県売木村、豊田信用金庫などからの受託研究や、共同・連携研究を行い、それぞれ成果を発表しつつある。研究所内部でも毎年 5 〜 6 組の共同研究チームを組織して、多様な角

度からの地域研究を進めている。本報告書もそうした成果の1つである。また学校
法人東邦学園が所蔵する、9割以上が第二次大戦中の資料である約1万4,000点の
「東邦学園下出文庫」も、2008年度から愛知東邦大学で公開し、現在は大学図書館
からネット検索も可能にしている。

　そのほか、月例研究会も好評で、学内外研究者の交流の場にもなっている。今後
とも、当研究所活動へのご協力やご支援をお願いする次第である。

執筆者紹介

中野　匡隆（なかの まさたか）／愛知東邦大学人間健康学部助教（まえがき、第1章、第3章、あとがき担当）

波多野由美（はたの ゆみ）／東邦学園地域スポーツクラブ講師、種目：ヨガ（第2章第Ⅰ節担当）

樊　　　孟（はん もう）／東邦学園地域スポーツクラブ講師、種目：太極拳（第2章第Ⅱ節担当）

波多野雄哉（はたの ゆうや）／東邦学園地域スポーツクラブ講師、種目：スラックライン（第2章第Ⅲ節担当）

地域創造研究叢書No.36

「地域がキャンパス！」の実現に向けて
―スポーツ・健康×まちづくりへの挑戦―

2023年3月31日　第1版第1刷発行

編　者――愛知東邦大学　地域創造研究所

発　行――有限会社　唯学書房

〒113-0033　東京都文京区本郷1-28-36　鳳明ビル102A
TEL　03-6801-6772　　FAX　03-6801-6210
E-mail　yuigaku@atlas.plala.or.jp
URL　https://www.yuigakushobo.com

発　売――有限会社　アジール・プロダクション

装　幀――米谷　豪

印刷・製本――中央精版印刷株式会社